1896

Frauke Finsterwalder wurde 1975 in Hamburg geboren. Nach dem Studium der Literaturwissenschaften und Geschichte in Berlin arbeitete sie an verschiedenen Theatern, u.a. an der Volksbühne am Rosa-Luxemburg-Platz. Danach Regiestudium an der Hochschule für Fernsehen und Film München (HFF). Ihr Debütspielfilm »Finsterworld« wurde weltweit vielfach ausgezeichnet.

Christian Kracht, 1966 in der Schweiz geboren, zählt zu den modernen deutschsprachigen Schriftstellern. Seine Romane »Faserland«, »1979«, »Ich werde hier sein im Sonnenschein und im Schatten«, »Imperium«, »Die Toten« und »Eurotrash« sind in über 30 Sprachen übersetzt. 2012 erhielt Christian Kracht den Wilhelm-Raabe-Preis, 2016 den Schweizer Buchpreis und den Hermann-Hesse-Literaturpreis.

Frauke Finsterwalder
Christian Kracht

SISI & ICH

Das Buch zum Film

Kiepenheuer & Witsch

1. Auflage 2023

Covergestaltung und -motiv: DCM/Bernd Spauke
© für die Filmstills: Thomas W. Kiennast/Walker + Worm Film
© für die Entwürfe der Szenenbilder: Katharina Wöppermann
© für die in den Entwürfen verwendeten Abb.: S. 233, Auge allgegenwärtig/
Alamy Stock Foto sowie Carolyn Clarke/Alamy Stock Foto
© für die Entwürfe der Kostümbilder: Tanja Hausner
© für die in den Entwürfen verwendeten Abb.: S. 234,
Abb. links oben: Gian Paolo Barbieri/Mit freundlicher Genehmigung der
Fondazione Gian Paolo Barbieri Mailand;
Abb. links unten: Brian Davis/Courtesy of the FIDM Museum at the
Fashion Institute of Design & Merchandising, Los Angeles, CA;
S. 237, Abb. Kaiserin Elisabeth: Getty Images
Gesetzt aus der Bembo
Satz: Buch-Werkstatt GmbH, Bad Aibling
Druck und Bindung: CPI books GmbH, Leck

ISBN 978-3-462-05099-8

Inhalt

Für Hope Elizabeth

What a shame, for I dearly love to laugh.

Jane Austen

We're each of us alone, to be sure.
What can you do but hold your hand out in the dark?

Ursula K. Le Guin

Besetzung

Irma Gräfin von Sztáray	Sandra Hüller
Sisi	Susanne Wolff
Graf Berzeviczy	Stefan Kurt
Fritzi	Sophie Hutter
Erzherzog Viktor	Georg Friedrich
Kaiser Franz Joseph	Markus Schleinzer
Marie	Maresi Riegner
Ludovika von Bayern	Angela Winkler
Maria Gräfin von Sztáray	Sibylle Canonica
Gräfin Festetics	Johanna Wokalek
Earl Spencer	Anthony Calf
Captain Smythe	Tom Rhys Harries
Doctor Bose	Ravi Aujla
Queen Victoria	Annette Badland
Baronin Rothschild	Anne Müller
Prinzessin Henriette Liechtenstein	Sandra Schwittau
Nikolaus Romanow	Tom Lass
Athena	Hope Elizabeth Finsterwalder
Arabischer Mann	Paul Portelli

Stab

Regie	Frauke Finsterwalder
Drehbuch	Frauke Finsterwalder Christian Kracht
Produzenten	Philipp Worm Tobias Walker
Bildgestaltung	Thomas W. Kiennast
Szenenbild	Katharina Wöppermann
Kostümbild	Tanja Hausner
Maskenbild	Christina Baier Marc Hollenstein
Montage	Andreas Menn
Herstellungsleitung	Ole Nicolaisen
Production Supervisor	Laura Einmahl
Regieassistenz	Levke Palm
Originalton	Marco Teufen
Sounddesign	Paul Rischer
Re-recording Mixer	Gregor Bonse
Casting	Simone Bär Alexandra Montag
Koproduzenten	Anne Walser Danny Krausz Wiebke Andresen

Drehbuch

Bild I Schwarz

IRMA GRÄFIN SZTÁRAY atmet tief und hörbar aus.

IRMA (VOICE OVER) Es war in ihrer Gegenwart, als habe jemand alles Licht der Welt auf einen gerichtet.

Pause, erneutes Ausatmen.

IRMA (V. O.) Und wenn sie das Licht wieder von einem wegnahm, war es, als würde einem ein spitzes Stück Glas ins Herz gerammt.

Musik: Wandering Star / Portishead

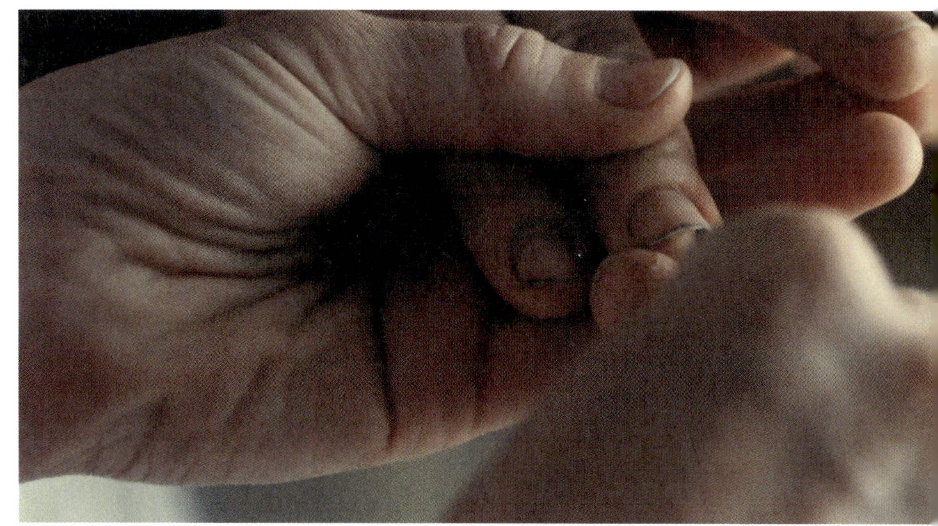

Bild 2 Zimmer in Wien

Titelsequenz

Musik: Wandering Star / Portishead

Nahaufnahmen von IRMA, die ruppig angezogen und zurechtgemacht wird.

Wir sehen, wie ihr Korsett geschnürt und ihr Kleid geschlossen wird. Der Schmutz unter ihren Fingernägeln wird unsanft mit einem spitzen Instrument entfernt und die Nägel werden geschnitten. Ihre Frisur wird aufgetürmt. Ihre Stiefeletten werden zugehakt.

Close-up von IRMAS Auge. Sie sieht in die Kamera. Eine Pinzette kommt ins Bild und reißt ein Haar aus ihrer Augenbraue.

Die Kamera fährt langsam zurück.

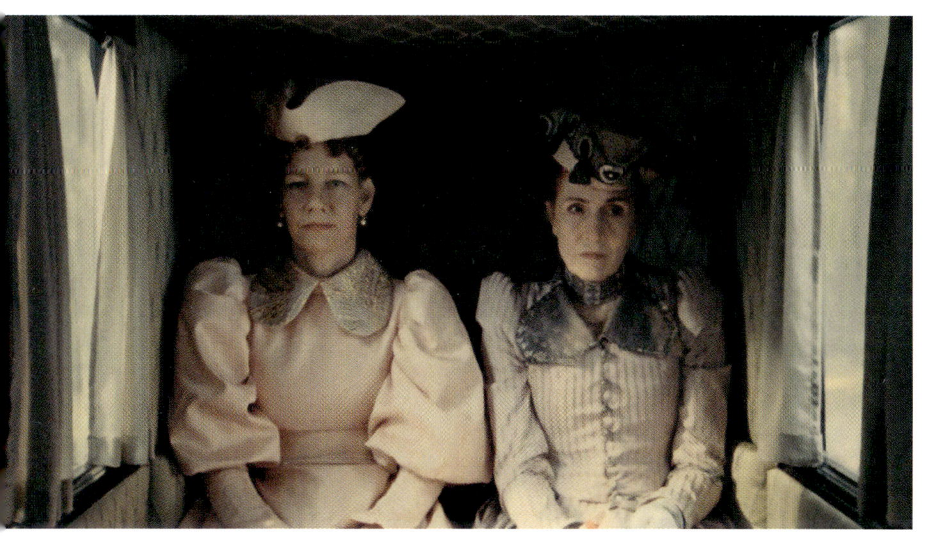

Bild 3 Kutsche

Titelsequenz

Musik: Wandering Star / Portishead

IRMA (V. O.) Licht an. Licht aus.

Die Kamera fährt weiter zurück. In IRMAS Blick liegt keinerlei Emotion.

IRMA (V. O.) Licht an. Licht aus.

Neben IRMA kommt ihre Mutter MARIA GRÄFIN SZTÁRAY ins Bild. Versteinerter Gesichtsausdruck.

MARIA Irma! Hörst Du mir überhaupt zu?

IRMA (V. O.) An. Aus.

IRMA Natürlich, Mama. Ich dachte nur gerade eben an etwas.

Der Hauch eines Lächelns bei IRMA.

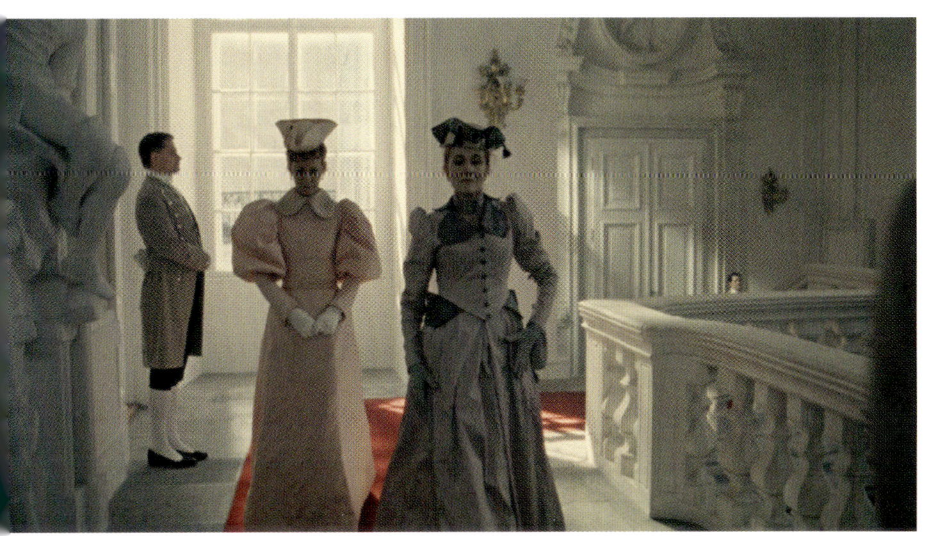

Bild 4 Hofburg

Titelsequenz

Musik: Wandering Star / Portishead

Die Kutsche mit IRMA und MARIA hält vor der Hofburg.

IRMA und MARIA steigen aus und gehen, von DIENERN begleitet, eine lange, breite Treppe hinauf. Ihre herausgeputzte Kleidung in Pastellfarben ist deplatziert, barock und unangemessen. Sie wirken eingeschüchtert, vielleicht auch etwas provinziell.

Mutter und Tochter betreten einen großen, eleganten Spiegelsaal.

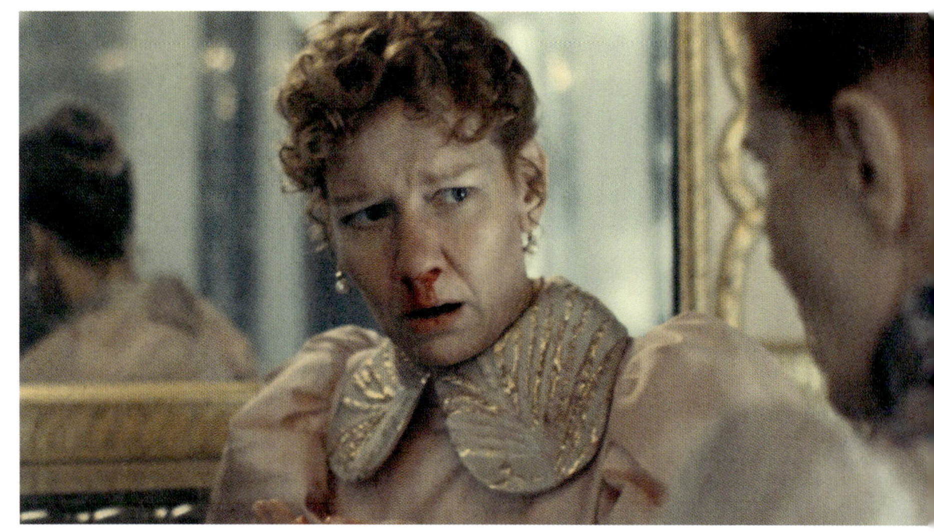

Bild 5 Spiegelsaal der Hofburg

IRMA und MARIA im großen Spiegelsaal. Die DIENER nehmen die Hüte der Gräfinnen und verabschieden sich mit Verbeugungen.

IRMA geht zu einem der großen Spiegel und untersucht ihr Gesicht auf Unreinheiten.

MARIA Entweder heiraten, ins Kloster oder das hier.

IRMA drückt sich einen Pickel im Gesicht aus.

MARIA Laß das bitte, Irma, ja?

IRMA sieht ihre Mutter hinter sich im Spiegel.

MARIA Mein Gott, ist das hier stickig. Irma!

IRMA drückt weiter in ihrem Gesicht herum. MARIA schnippt mit den Fingern. IRMA läßt ihre Hände sinken.

IRMA Verzeihung, Mama.

Ihrer Mutter den Rücken zugekehrt, verdreht IRMA genervt die Augen und schneidet eine Grimasse. Sie vergißt, daß ihre Mutter sie im Spiegel sehen kann.

Schnell wie der Blitz steht MARIA neben ihr, reißt sie herum und schlägt der Tochter brutal und mit vollster Kraft ins Gesicht.

Blut rinnt aus IRMAS Nase. Sie sieht ihre Mutter fassungslos an.

Titel: SISI & ICH

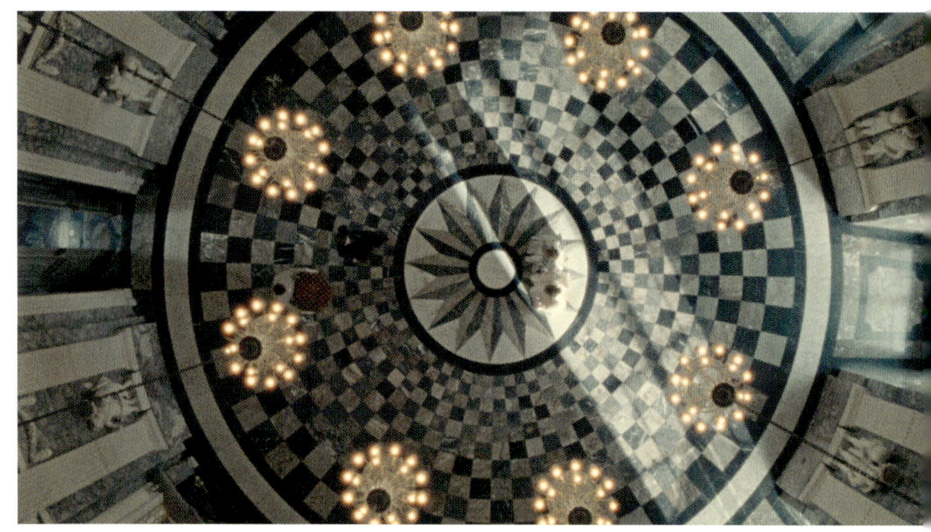

Bild 6 Spiegelsaal der Hofburg

Die Tür öffnet sich, und die derzeitige Hofdame der Kaiserin, MARIE GRÄFIN VON FESTETICS, in ein strenges schwarzes Kleid geschnürt, kommt herein, im Gefolge einen DIENER, der einen gepolsterten Pouf trägt. Kühl begrüßt sie die beiden Frauen und bedeutet dem DIENER, den Pouf aufzustellen.

FESTETICS Gräfinnen.

MARIA und IRMA verneigen sich tief. Dabei wirft MARIA ihrer Tochter eine Mischung aus ermutigenden und drohenden Blicken zu.

FESTETICS gibt IRMA mit einer Handbewegung zu verstehen, sie soll sich auf den Pouf stellen. IRMA steigt hinauf, sie steht etwas wackelig.

FESTETICS Ich werde schonungslos ehrlich sein, ja?

FESTETICS schreitet abschätzend im Kreis um sie herum.

FESTETICS Bei all meiner Liebe zur Kaiserin ...

Sie unterzieht IRMA nun einer ausgiebigen körperlichen Untersuchung, ganz ähnlich wie bei einer Pferdeauktion: Muskeln, Taille, Zähne, Haltung werden akribisch überprüft.

FESTETICS ... sie ist wundervoll ... aber sie wird ... niemals müde. Berge hoch, Berge runter, herauf aufs Pferd, herunter vom Pferd ... Schwimmen ja, schwimmen nein. Ich bin zu alt.

Ihr Blick bleibt irritiert an dem Blutfleck auf IRMAS Kleid hängen, und sie hebt die Hand, um an dem Fleck zu reiben.

FESTETICS Was ist das?

IRMA und MARIA wechseln einen besorgten Blick.

FESTETICS Egal. Solche ... expressiven ... Kleider wie dieses hier ...

FESTETICS untersucht IRMAS Kleid und zupft an ihrer Frisur.

FESTETICS ... werden wir in Zukunft eh nicht mehr tragen. Wie alt sind Sie?

IRMA und MARIA *(gleichzeitig)* Zweiundvierzig ...

FESTETICS blickt MARIA streng an. Dann geht sie um IRMA herum und umfaßt mit einer intimen Bewegung ihre Hüften. Sie stellt sich vor IRMA hin und mißt ihre Hüften mit den Händen.

FESTETICS Wieviel wiegen Sie? – Ach, das wird schon.

IRMA quiekt bei der Berührung. FESTETICS zückt eine Uhr und greift nach IRMAS Puls.

FESTETICS Sie sind körperlich gesund? Durchhaltevermögen? Ausdauer?

IRMA Wie bitte?

FESTETICS Ah. Sie hören schlecht?

IRMA Ich? Äh, nein.

FESTETICS Reiten Sie?

IRMA Ja.

FESTETICS Dressur? Die Jagd?

Sie untersucht IRMAS Hände.

IRMA Äh, ich … gut …

FESTETICS Können Sie turnen?

FESTETICS öffnet IRMAS Mund und betrachtet ihr Gebiss.

IRMA Bitte was?

FESTETICS Turnen. Am Barren. Am Reck.

IRMA hat hiervon noch nie gehört.

IRMA Turnen. Das mache ich eigentlich sehr oft. Die ganze Zeit.

FESTETICS Gut. Damit der Kaiser Franz Joseph und seine ungebildeten Berater sich nicht beunruhigen müssen …

FESTETICS lüpft IRMAS Rock und untersucht ihre Waden.

FESTETICS … braucht Kaiserin Elisabeth eine Frau an ihrer Seite, die mich ersetzen kann.

IRMA Ich verstehe.

IRMA sieht, daß die ehemalige Hofdame zärtlich ein Amulett berührt, welches sie um den Hals trägt. Es zeigt das Bildnis der Kaiserin.

FESTETICS Sie verstehen, aber nicht ganz. Sie werden dafür verantwortlich sein, daß die Dinge nicht aus dem Ruder laufen. Und das wird nicht leicht sein.

MARIA Wir haben unsere Tochter strengstens nach Protokoll erzogen.

FESTETICS Nichts haßt die Kaiserin mehr als Wien und die höfische Etikette. Haben Sie vor, in nächster Zeit zu heiraten?

IRMA wirft MARIA einen hilfesuchenden Blick zu.

MARIA Wir in Ungarn …

FESTETICS … Nein, nicht Sie. Gräfin Irma, bitte …

IRMA Bei Männern muß ich immer an Tischtücher denken.

MARIA bedeutet IRMA hektisch, stillzuschweigen.

FESTETICS Ha! Ja! Tischtücher. Sehr schön.

FESTETICS lächelt und greift sanft nach IRMAS Hand.

FESTETICS Sie reisen nach Korfu, Irma.

MARIA Das heißt, sie darf bleiben?

FESTETICS Wir werden sehen.

FESTETICS läßt IRMAS Hand aus der ihrigen gleiten und geht.

Musik: Deceptacon / Le Tigre

IRMA sieht ihr hinterher.

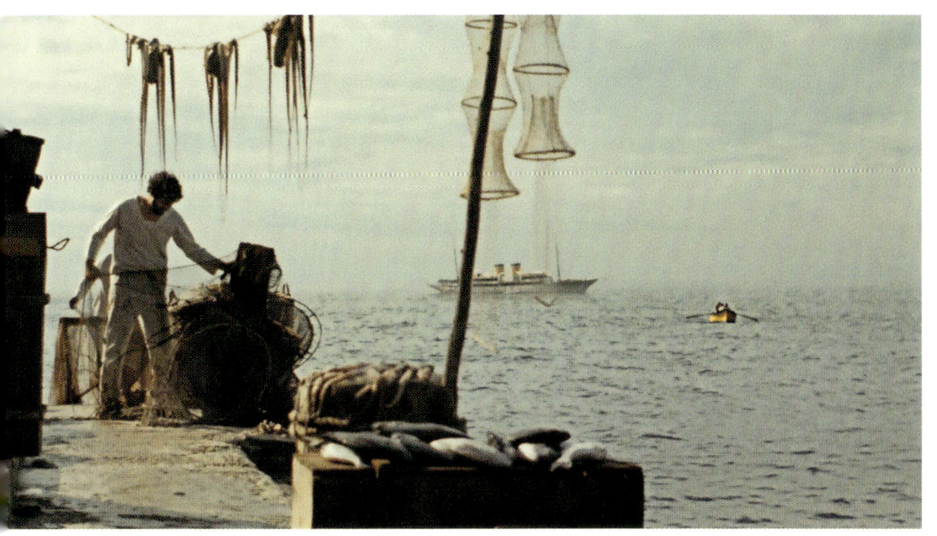

Bild 7 Vor Korfu auf einem Fischerboot

Musik: Deceptacon / Le Tigre

Fischernetze und einige zum Trocknen aufgehängte Oktopusse sowie Körbe mit Meerestieren. Am Horizont ein großer Dampfer, ein kleines Boot ist auf dem Weg zum Hafen.

IRMA sitzt in einem Matrosenkleid auf dem kleinen, von einem Fischer geruderten Boot, inmitten ihres Gepäcks. Sie ist bleich im Gesicht vor Seekrankheit, klammert sich am Bootsrand fest und sieht unglücklich aus. Vor ihr einige Körbe mit toten Fischen.

IRMA muß sich schließlich übergeben, elegant, fast verschämt über den Bootsrand. Sie wischt sich den Mund an ihrem Kleiderärmel ab, wobei gelbes Erbrochenes daran kleben bleibt. Sie starrt darauf, ihr ist aber zu übel, um sich darum zu kümmern.

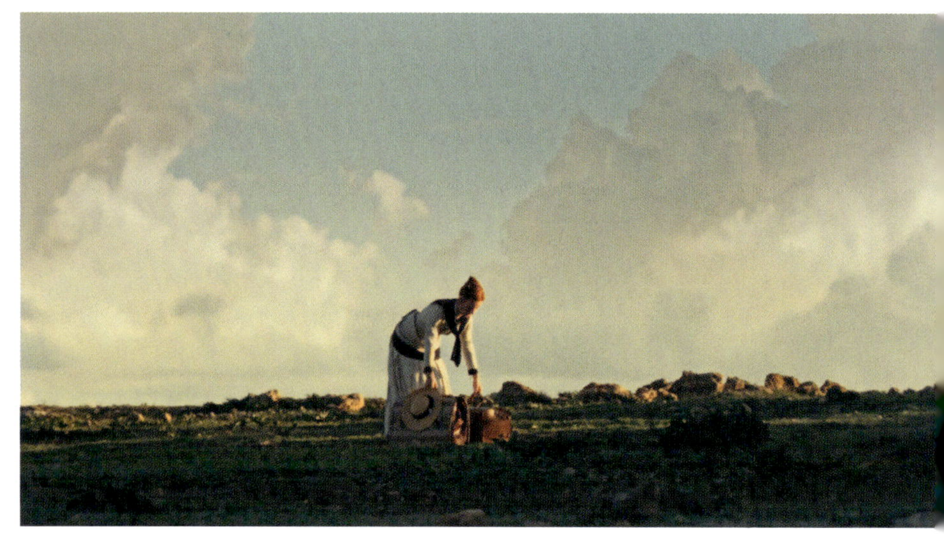

Bild 8 Weg zur Villa in Korfu

Musik: Deceptacon / Le Tigre

Die schmutzige IRMA läuft mit ihrem Gepäck in der Hand den Weg zur Villa. Sie sieht abgekämpft aus, aber auch entschlossen.

Schließlich bleibt sie stehen, stellt ihr Gepäck ab und fächert sich mit dem Hut Luft zu. Es ist sehr heiß. Fliegen summen.

Ausatmen. Sie nimmt ihr Gepäck wieder auf und geht weiter.

Bild 9 Im Garten

IRMA betritt den wunderschönen Garten. Vögel zwitschern. Ein Pfau schreit. Zitronenbäume.

Sie erblickt die kaiserliche Villa. Weit oben, auf dem Dach, steht eine gesichtslose Gestalt – SISI – in einen flatternden schwarzen Schleier gehüllt, wie ein schwarzer Vogel. Irma geht weiter. Als sie wieder hinaufsieht, ist die Figur verschwunden.

Bild 10 Im Garten

GRAF BERZEVICZY wartet bereits am Eingang der Villa.

IRMA Oh Gott, ist das heiß! Ich hab völlig falsch gepackt. Hallo, im Übrigen.

BERZEVICZY nimmt ihr das Gepäck ab. Als er das Erbrochene an IRMAS Ärmel riecht, rümpft er die Nase. IRMA will an ihm vorbei zur Villa, aber er versperrt ihr den Weg.

BERZEVICZY Entschuldigen Sie bitte, Gräfin. Ausruhen können Sie sich später.

IRMA Dürfte ich bitte ein Glas Wasser bekommen?

BERZEVICZY Die Kaiserin möchte sehen, wie schnell Sie laufen können.

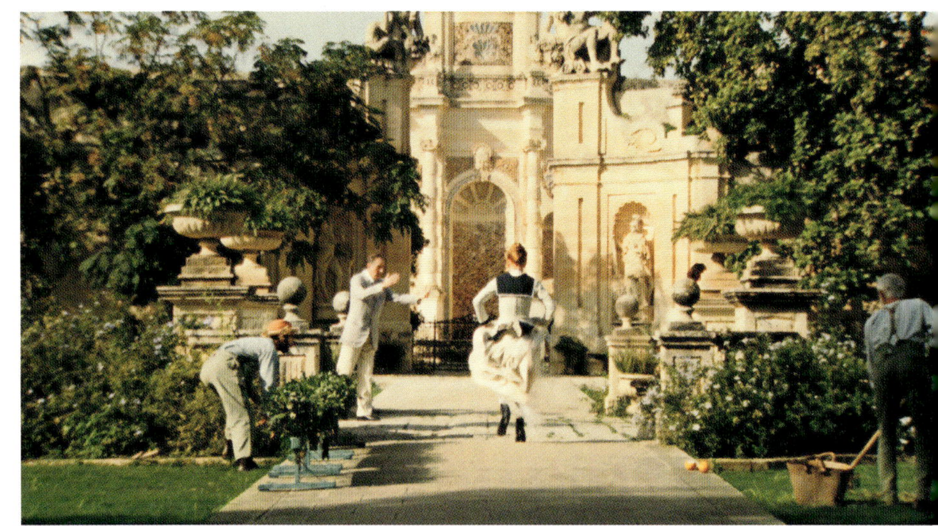

Bild 11 Im Garten

Musik: Meantime / Beaumont

IRMA und BERZEVICZY im Heckenrosengarten. BERZEVICZY wendet eine Sanduhr.

BERZEVICZY Und bitte.

BERZEVICZY hebt die Hand.

BERZEVICZY Eins … Zwo … Schuss.

IRMA rafft ihre Rockschöße und spurtet los. Sie läuft an BERZEVICZY vorbei. Er scheucht sie weiter.

BERZEVICZY Los, los, los, weiter!

IRMA macht kehrt und rennt erneut die Strecke, nun schon sichtlich müder.

BERZEVICZY Husch, husch, husch! Schneller!

BERZEVICZY klatscht in die Hände. IRMA gibt ihr Bestes.

BERZEVICZY Husch, husch. Zwölf Sekunden.

IRMA hustet und keucht. Hilflos deutet sie hinter sich.

IRMA … aufmachen, bitte. Aufmachen, bitte …

Sie zeigt auf ihren Rücken. BERZEVICZY versteht. Er tritt hinter IRMA und nestelt ungeschickt an ihrem Korsett herum.

IRMA Wasser …

IRMA ist völlig am Ende. Berzeviczy macht sich Notizen.

BERZEVICZY Halma!

IRMA Was ist das?

DIENER bringen kuriose Hindernisse und stellen sie auf.

BERZEVICZY Jetzt kommen die Sprünge. Bitte schön.

IRMA Hä?

BERZEVICZY Dahinten. Und bitte.

IRMA sammelt ihre letzten Kräfte, rafft sich auf.

Oben, hinter dem Fenster, steht SISI und beobachtet alles.

IRMA rennt auf die Hindernisse zu, springt über zwei, drei, schließlich stürzt sie brutal der Länge nach hin.

Sie liegt mit schmerzverzerrtem Gesicht schwer atmend am Boden. Schmutz auf ihrer Wange. Tränen schießen ihr in die Augen.

IRMAS verzweifelter Blick hinauf zum Fenster, doch die Gestalt ist verschwunden. Nur der wehende Vorhang ist zu sehen.

BERZEVICZY Gräfin?

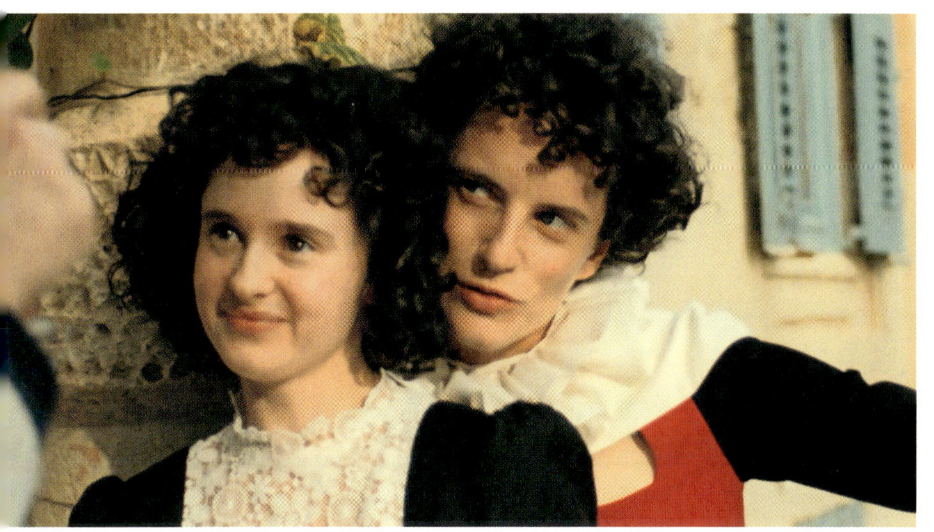

Bild 12 Am Eingang der Villa

Die lädierte IRMA folgt BERZEVICZY, der ihre Tasche trägt, Richtung Eingangstür, wo die exzentrischen Bediensteten der Kaiserin, Zofe MARIE und die Friseurin FRITZI auf sie warten.

MARIE hält ein Tablett mit Wassergläsern.

FRITZI Du vergißt immer zu trinken, Berzewitzi.

IRMA nimmt sich dankbar ein Glas Wasser und stürzt es hinunter.

BERZEVICZY Meine Damen, wir sind keine Griechen. Vom schludrigen Umgang mit der Zeit spreche ich.

FRITZI Ach komm, Berzewitzi …

BERZEVICZY Na, Du mußt es ja nicht ausbaden.

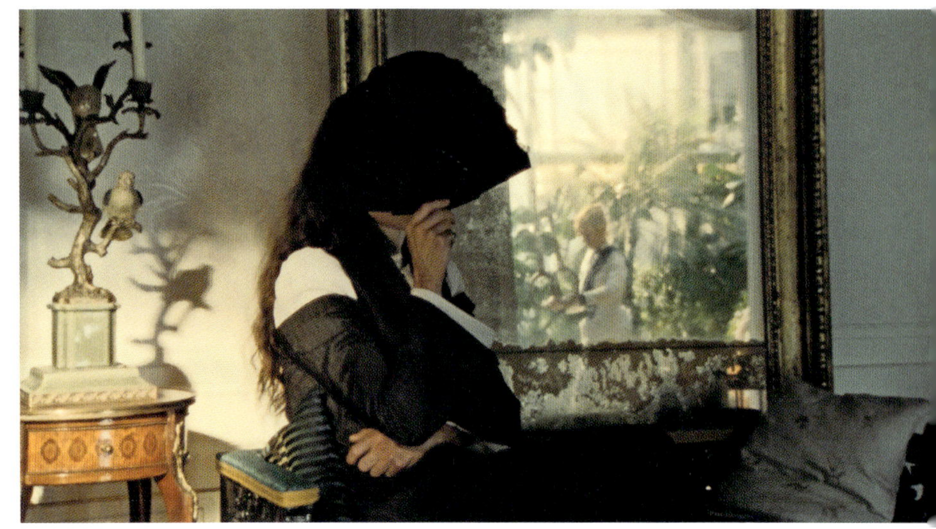

Bild 13 In Sisis Salon

IRMA betritt den Salon. Sie spaziert etwas verloren und alleine herum. Indische Statuen, eine Schale mit großen Artischockenblumen, Berberteppiche. Eklektisches, aber gemütliches Mobiliar. Wellensittiche zwitschern.

Ein liegender großer IRISCHER WOLFSHUND blickt IRMA an. Sie läuft an ihm vorbei in den Wintergarten.

IRMA Hallo?

SISI (OFF SCREEN) Öffnen Sie die Schleife, bitte.

IRMA dreht sich um, erschrocken. Sie sieht SISI, die einen schwarzen Fächer vor ihr Gesicht hält. IRMA verbeugt sich tief.

SISI Dort, hinter Ihnen, an der Wand.

IRMA dreht sich verunsichert um, im Wintergarten hinter ihr hängt eine große Seidenschleife, in die zwei von der Decke führende Seile eingebunden sind.

SISI Nun ziehen Sie schon.

IRMA zieht an der Schleife, und zwei Turnringe schwingen in den Raum und zurück, gegen ihren Oberkörper.

IRMA Oh!

SISI Machen Sie mir ein paar Klimmzüge, dort, Gräfin.

IRMA hat noch niemals Turnringe gesehen, geschweige denn daran geturnt.

IRMA Äh … ich schäme mich.

SISI Schämen tut sich nur die Bourgeoisie.

IRMA zieht an den instabilen Turnringen und stemmt sich hoch. Sie ist nicht stark genug, und die Ringe geben nach, mit ihr. IRMA macht eine unfreiwillige Kreisbewegung und quiekt erschrocken.

Da bricht SISI in helles Kichern aus, sie läßt den Fächer sinken, und IRMA sieht zum ersten Mal das Gesicht und die Gestalt der schönen Kaiserin.

SISI Also turnen, Gräfin Irma, können Sie nicht. Außerdem riechen Sie.

Eine jung gebliebene Frau mit wachem, herausforderndem Blick und bildhübschem Äußeren steht vor IRMA. SISI zieht ihren schwarzen Mantel aus und läßt ihn zu Boden fallen.

SISI Haben Sie sich vorhin wehgetan?

IRMA Ich müßte mal. Und ich bin hungrig.

SISI Lustig ist sie. Ich hasse Langeweile. Sie auch?

FRITZI kommt mit einem Tablett mit Tee herein.

FRITZI Unser Abführtee, Elisabeth.

FRITZI reicht SISI eine Tasse Tee und berührt dabei ihre Hand.

SISI Es ist *mein* Abführtee. Und manchmal teile ich ihn mit Dir.

SISI gibt FRITZI einen Kuß und nimmt einen großen Schluck. Auch FRITZI trinkt. Beide sehen sich tief in die Augen.

SISI *(zu Irma)* Nehmen Sie doch auch …

IRMA Danke.

IRMA greift nach einer Tasse, trinkt einen Schluck und verzieht ein wenig das Gesicht. Ganz zur Belustigung von SISI und FRITZI, die wissende Blicke austauschen.

IRMA fühlt sich ausgeschlossen, versteht nicht, was hier vor sich geht.

SISI Ich überlege mir genau, wem ich erlaube, bei mir zu leben. Jedenfalls keine dicken Menschen. Oder Männer.

FRITZI nickt bestätigend.

SISI Marie! Die Pendeltafel, bitte!

MARIE eilt herein, dicht hinter ihr BERZEVICZY.

SISI Mein lieber Graf, Du weißt doch, daß Du nicht dabei sein darfst.

Sie macht eine Handbewegung, er möge gehen. BERZEVICZY verbeugt sich leicht und verzieht sich wieder. IRMA wirft ihm einen geharnischten Blick zu.

MARIE breitet ein Papier auf dem Tischchen aus. Es zeigt eine Zeichnung mit »YES«, »NO«, »MAYBE«. SISI bringt das Pendel in Stellung. Die Frauen beugen sich über die Pendeltafel, wobei FRITZI und MARIE sich an den Händen halten. IRMA steht abseits, verwirrt.

SISI Pendel. Ich brauche Deinen Rat.

Das Pendel schwingt zum »YES«-Feld. IRMA holt tief Luft.

IRMA *(flüsternd)* Oh. Jetzt bewegt es sich …

FRITZI *(flüsternd)* Es sagt Yes!

MARIE *(flüsternd)* Pssst.

SISI Gräfin Sztáray ist gekommen, um meine Gefährtin zu sein. Kann ich Gräfin Irma mein Vertrauen schenken?

Das Pendel zeigt »MAYBE« an. IRMA fröstelt es. SISI läßt das Pendel sinken.

SISI Maybe. Maybe heißt nicht no, nicht wahr? Sie können bleiben.

IRMA lächelt zum ersten Mal, etwas schief.

IRMA Vielen Dank. Da wird sich meine Mutter sehr freuen.

SISIS Miene verdüstert sich sichtlich. FRITZI und MARIE kichern.

SISI Wie uninteressant.

IRMA steigt auf eine Waage. SISI liest ab, wobei sie die Nase rümpft, denn IRMA riecht nach wie vor etwas.

SISI Zweiundsechzig Kilogramm.

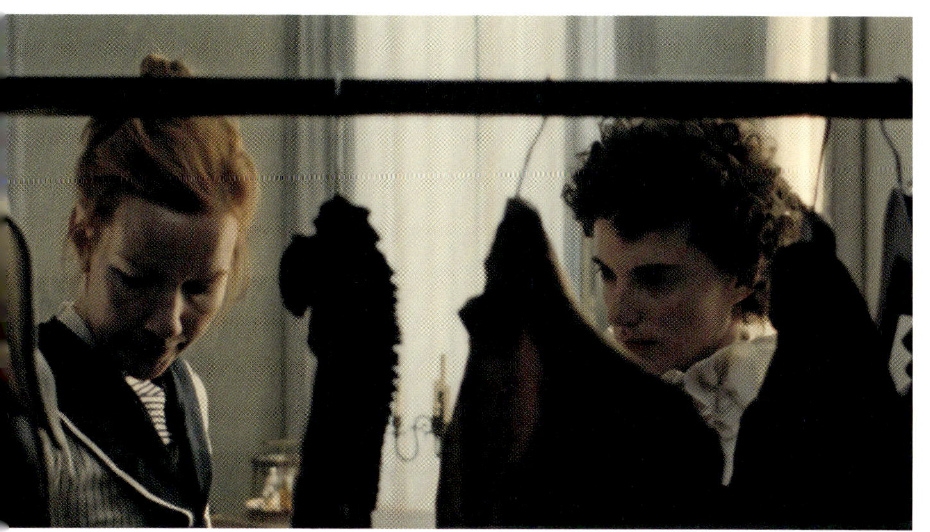

Bild 14 Irmas Schlafzimmer

FRITZI und IRMA treten in Irmas schlichtes Zimmer. Ein Bett, ein Waschtisch, ein Schrank, ein Schreibpult, im Fenster hängt das Holzmodell eines Segelschiffes. FRITZI geht zum Schreibpult und zeigt ein paar von den dort stehenden Fläschchen.

FRITZI Ihre Tinkturen.

IRMA ist neugierig.

FRITZI Für Ihre Diät. Kokain-Extrakt drei Tropfen und vom Brennnesselsaft einen Teelöffel nach dem Essen jeweils. Ich kann mir ein Leben ohne Elixiere gar nicht mehr vorstellen.

IRMA sieht sich im Zimmer um.

IRMA Hmm? Wo sind denn eigentlich meine Kleider?

FRITZI Na, die brauchen Sie doch nicht mehr. Den Firlefanz aus Wien.

FRITZI öffnet den Schrank und zeigt auf eine Reihe ganz schlichter, aber aus hervorragenden Stoffen geschneiderter Kleider.

IRMA Woah … die sind ja alle ganz gerade.

FRITZI Und aus Jah-pann.

IRMA Sie meinen Japan?

FRITZI Was auch immer. Ziehen Sie Ihr Kleid aus und geben Sie es mir.

IRMA tut, wie ihr geheißen. Sie steht nun in Unterwäsche da.

IRMA Aber nicht zu heiß waschen …

FRITZI Die werden verbrannt. Anordnung der Kaiserin.

Bild 15 Irmas Schlafzimmer

IRMA, im Nachtmantel, raucht ungeübt eine Zigarette und liest in einem Buch.

Sie hört ein merkwürdiges Räuspern und Klirren auf dem Gang.

Mit einer Kerze in der Hand geht sie den Geräuschen nach.

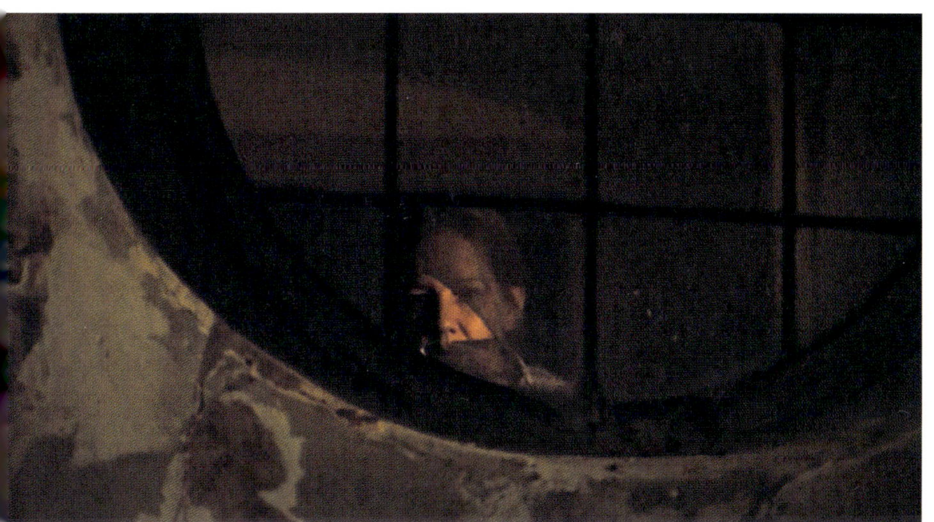

Bild 16 Küche

IRMA folgt den Geräuschen, die aus der Küche kommen.

Sie lugt durchs Fenster und sieht SISI, die riesige Mengen von Torten und anderen Eßwaren in sich hineinschaufelt.

Schließlich steht SISI auf, läuft zum Waschbecken und übergibt sich.

Bild 17 Irmas Schlafzimmer

IRMA läuft befremdet mit der Kerze in der Hand zurück in ihr Zimmer. Sie greift sich die Fläschchen mit den Tinkturen, öffnet ihre Balkontür, tritt hinaus in den Garten und leert die Flaschen alle aus.

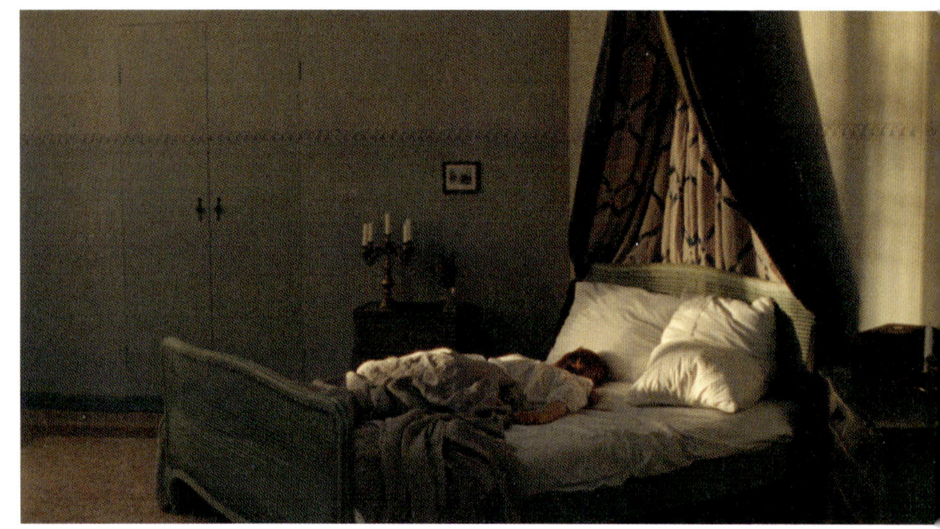

Bild 18 Irmas Schlafzimmer

Eine wie erschlagen auf dem Bauch im Bett liegende IRMA, der etwas Speichel aus dem offenen Mund aufs Kissen läuft, wird durch lautes Klopfen an der Tür geweckt. Sonnenlicht. MARIE erscheint über ihr.

MARIE Gräfin Irma!

Verschlafen öffnet IRMA ihre Augen. MARIE hilft IRMA auf und zieht ihr das Nachthemd über den Kopf.

MARIE Meine Güte!

MARIE zieht nun einige Kleidungsstücke aus dem Schrank und zieht sie IRMA über.

MARIE Wandern.

IRMA Aber ich bin doch noch so müde. Und hungrig.

MARIE Eigentlich erst nach dem Frühstück, aber das fällt dann heute wohl aus.

IRMA Das Wandern?

MARIE Das Frühstück.

MARIE schubst IRMA halb angezogen aus dem Zimmer.

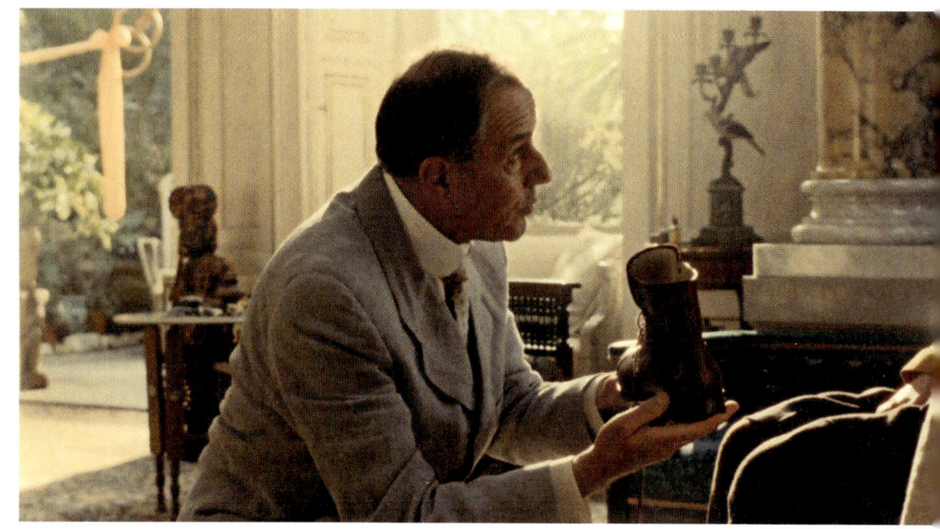

Bild 19 Im Salon

MARIE schiebt IRMA in den Salon, in dem BERZEVICZY nervös wartet, ein Paar nagelneue, hübsche Wanderstiefeletten in den Händen.

BERZEVICZY Ah! Der ganze Tag gerät uns durcheinander.

IRMA versucht, von einer Schale Joghurt zu naschen.

BERZEVICZY Nein, nein, nein! Setzen Sie sich hin, bitte.

Er kniet sich vor IRMA hin und beginnt, ihr die Wanderschuhe anzuziehen.

BERZEVICZY Sie sind sehr bequem. Und formschön.

IRMA stibitzt heimlich ein Stückchen Butter vom Tisch, welches sie sich gierig in den Mund stopft.

BERZEVICZY *(kniend)* Ich rieche die Butter aus Ihrem Mund bis hierher, liebe Gräfin …

BERZEVICZY steht auf.

BERZEVICZY … und spätestens heute Abend wird sich das Fett auf der Waage auch allen anderen bemerkbar machen.

IRMA blickt schuldig drein. BERZEVICZY schiebt sie aus dem Zimmer.

BERZEVICZY Husch, husch …

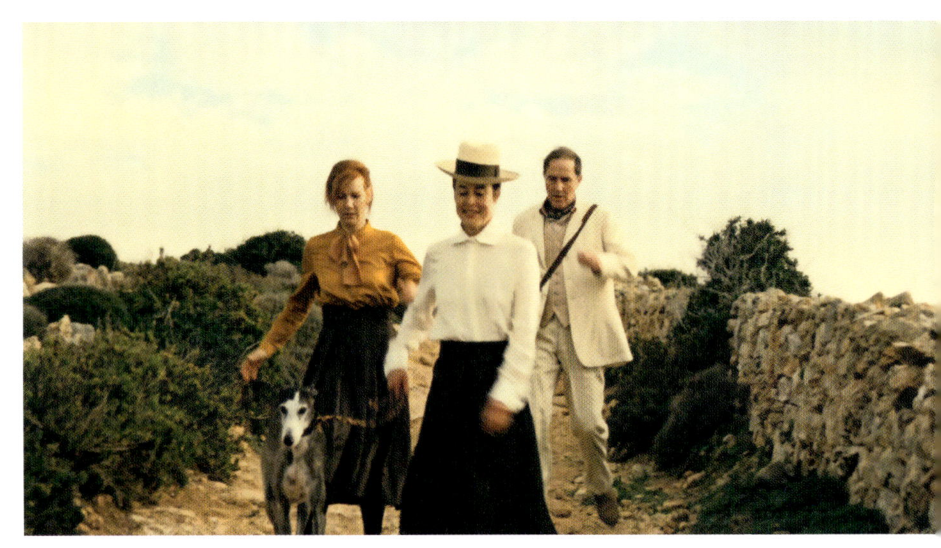

Bild 20 Landschaft in Korfu

IRMA, SISI und BERZEVICZY spazieren rasch durch die Landschaft. SISI läuft sehr schnell mit ihren HUNDEN vorweg. Hinter ihr BERZEVICZY und IRMA, die Mühe haben, mitzukommen. Schließlich wartet SISI und läßt IRMA aufholen.

SISI Sie schlagen sich wesentlich besser als Ihre Vorgängerin.

IRMA Wirklich?

SISI Gehen Sie mich trotzdem bitte nicht nach Schmeicheleien an. Ich bin nicht Ihre Mutter und möchte es auch nicht sein.

IRMA Meine Mutter hat mich noch nie gelobt.

SISI Wissen Sie, Irma, Kinder sind der Fluch der Frau. Erst sieht man aus wie ein gestrandeter Walfisch, und schwups ist man alt.

Sie gehen nebeneinander weiter.

SISI Wär' ich ein Jäger auf freier Flur,
Ein Stück nur von einem Soldaten,
Wär' ich ein Mann doch mindestens nur,
So würde der Himmel mir raten …

Zu SISIS Überraschung führt IRMA das Gedicht von Annette von Droste-Hülshoff fort.

IRMA … Nun muß ich sitzen so fein und klar,
Gleich einem artigen Kinde …

SISI und IRMA … Und darf nur heimlich lösen mein Haar,
Und lassen es flattern im Winde.

Von vorne kommen ihnen einige Ziegen mit ihrem ZIEGENHIRTEN und einem HIRTENJUNGEN entgegen.

SISI Ach, Irma. – Da kommt ja auch mein Frühstück.

BERZEVICZY zückt aus seiner Umhängetasche einen silbernen Becher und reicht ihn dem ZIEGENHIRTEN.

BERZEVICZY Kalítera argá pará poté.
(griechisch: Besser spät als gar nicht.)

Der ZIEGENHIRTE melkt eine seiner Ziegen und gibt BERZEVICZY den Becher, der ihn an SISI reicht.

SISI Efcharistó.

SISI trinkt gierig.

SISI *(zu Irma)* Mein Analeptikum.

SISI läßt den Becher fallen, rennt nun los, frisch gestärkt, und IRMA hastet hinterher.

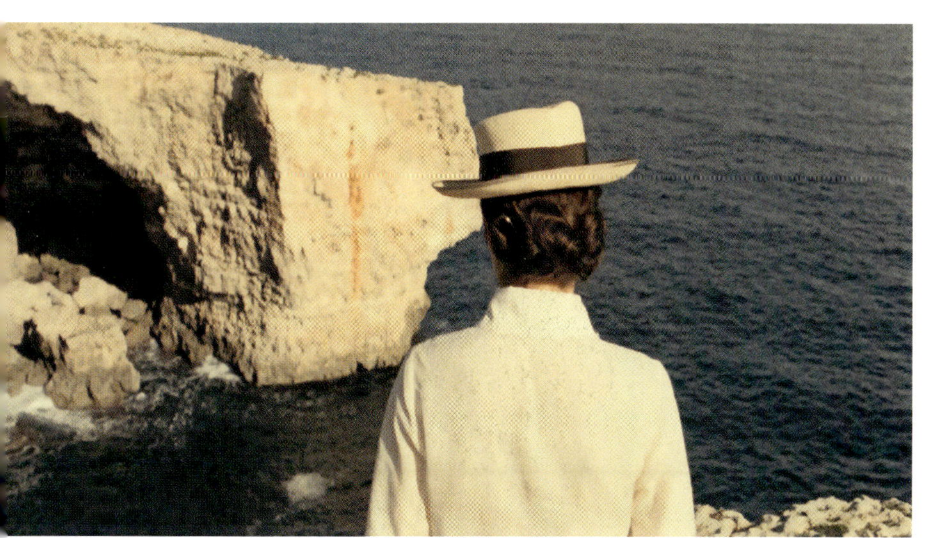

Bild 21 Klippe in Korfu

SISI und IRMA wandern ohne BERZEVICZY an den Rand einer hohen Klippe. Die beiden sehen hinab in die Tiefe. Es ist ein Augenblick des Innehaltens. Das glitzernde Meer rauscht. Möwengeschrei.

> SISI Ich glaube, daß ich nach meinem Tod in eine Möwe zurückverwandelt werde. Und hoch über dem Ozean auf einer Klippe nisten werde. Genau hier.

IRMA sieht SISI fasziniert an.

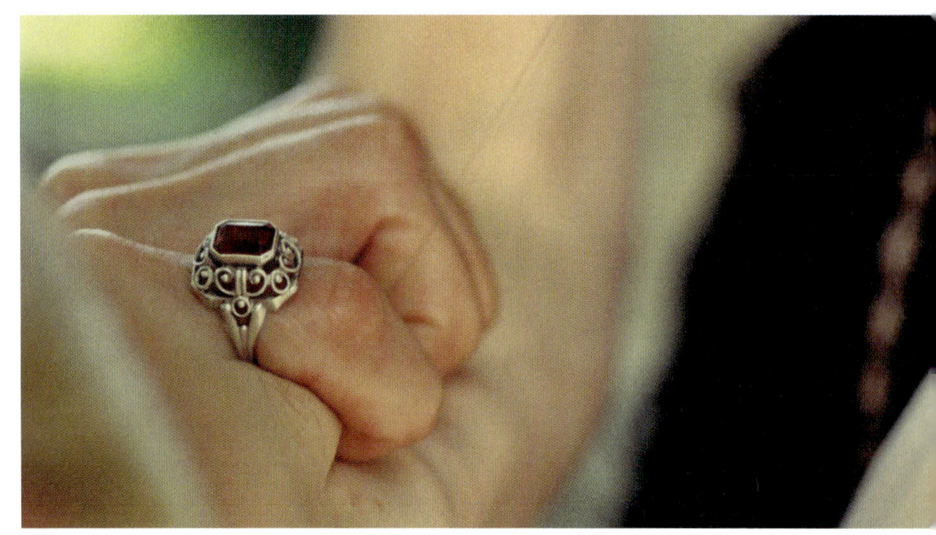

Bild 22 Im Garten der Villa

Nahaufnahme von SISIS Haaren, die von FRITZI gebürstet werden. SISI liest in einem Buch. Hunde liegen ihr zu Füßen. IRMA steht dabei, Tee wird gebracht.

Ab und zu nimmt FRITZI ausgebürstete Haare und steckt sie heimlich in ihre Schürzentasche.

SISI Aua, Fritzi!

IRMA Ich dachte immer, Ihre Haare wären viel länger.

SISI Ich würde sie am liebsten viel kürzer schneiden.

FRITZI Nein. Ich weigere mich, noch mehr abzuschneiden. Wir haben so viel Zeit darein gesteckt.

Plötzlich und unvermittelt packt SISI den Unterarm von FRITZI und drückt so fest zu, daß FRITZI wimmert. IRMA erschrickt über die Gewalt. An FRITZIS Arm Abdrücke von SISIS Nägeln. FRITZI rupft noch ein paar Haare von der Bürste, steckt sie in die Schürzentasche und läuft traurig fort.

IRMA Verzeihung.

IRMA läuft FRITZI hinterher.

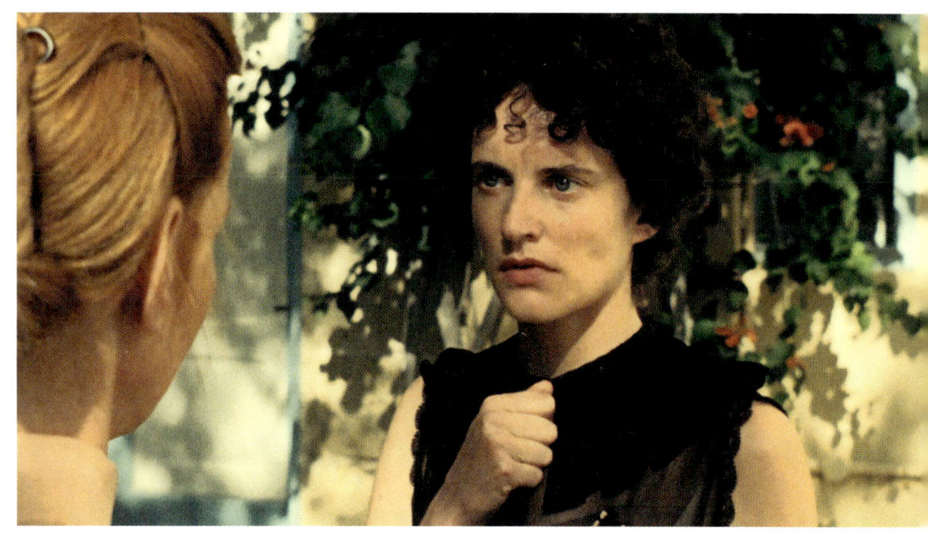

Bild 23 Im Garten der Villa

IRMA rennt neben der sichtlich aufgebrachten FRITZI her, baut sich dann vor ihr auf. BERZEVICZY kommt hinzu.

IRMA Warte.

IRMA zieht FRITZI ein Haarbüschel aus der Schürze und hält es hoch.

IRMA Warum hebst Du die auf?

BERZEVICZY Elisabeth fürchtet das Alter wie der Teufel das Weihwasser.

FRITZI Wenn sie sieht, daß auch nur ein Haar fehlt, bekommt sie einen Wutanfall.

IRMA Dann werde ab jetzt lieber ich die Haare verwahren, wenn Sie erlauben. Fritzi?

IRMA hält FRITZI fordernd die geöffnete Hand hin. Diese schüttelt den Kopf.

FRITZI Aber …

BERZEVICZY Geben Sie sie mir.

IRMA nimmt ihr das Haarknäuel ab und versteckt es in ihrem Ausschnitt.

Sie wirft FRITZI einen triumphierenden Blick zu und läßt sie stehen. BERZEVICZY schaut IRMA – beziehungsweise den kaiserlichen Haaren – hinterher.

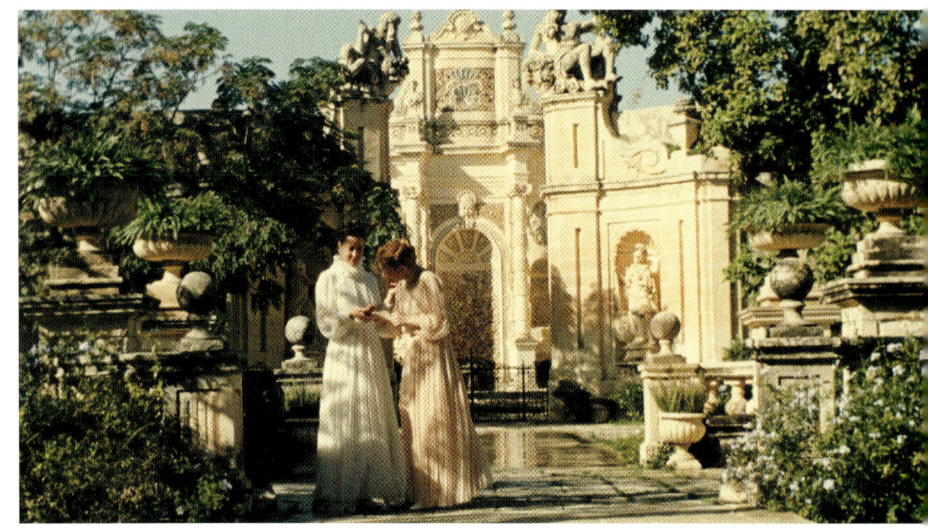

Bild 24 Garten der Villa

Ein Chamäleon schiebt sich langsam über den Weg. IRMA und SISI schlendern im herrlichen Garten umher. Sie sehen sich Blumen an, Schildkröten, Bäume.

IRMA findet ein geschecktes Eidechsenei und hebt es sanft auf, zeigt es SISI.

Von der Handwärme angeregt, beginnt aus dem Ei eine kleine Eidechse zu schlüpfen.

Beide betrachten es still und andächtig.

IRMA Wußten Sie … daß man eine Eidechse gar nicht gefangen halten kann? Versucht man es, läßt sie einfach ihren Schwanz fallen und läuft davon.

SISI sieht IRMA mit anderen Augen an, so als habe sie sie noch nie richtig gesehen. Dann setzen sie zusammen das Eidechsenbaby vorsichtig auf den Boden und lassen es frei.

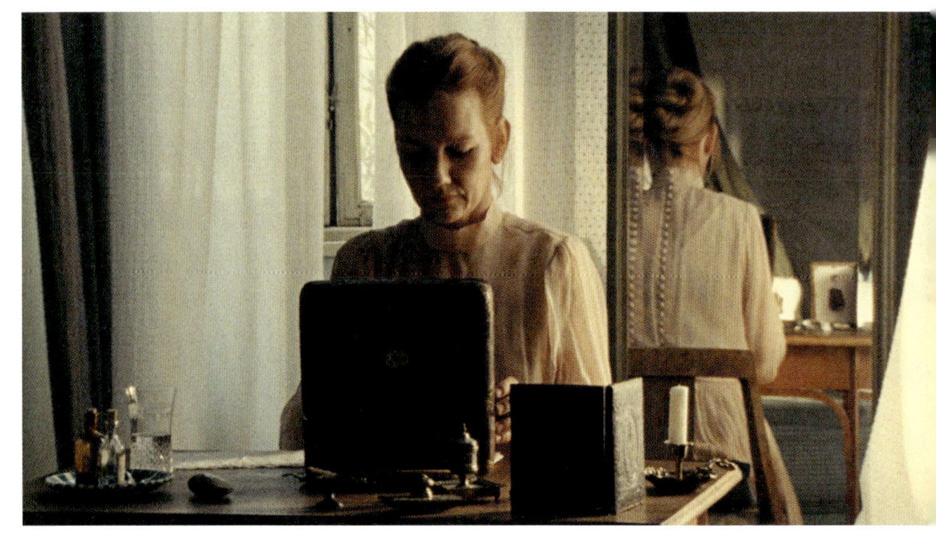

Bild 25 Irmas Schlafzimmer

IRMA sitzt an ihrem Schreibtisch und klappt eine hölzerne Schatulle auf. Sie summt gedankenverloren. In der Schatulle liegen etliche kleine Erinnerungsstücke. SISIS Haare, Muscheln, Heiligenbildchen. Vorsichtig packt sie aus einem Taschentuch die Eidechsenei-Schalen aus und legt sie in das Kästchen zu den anderen Sachen.

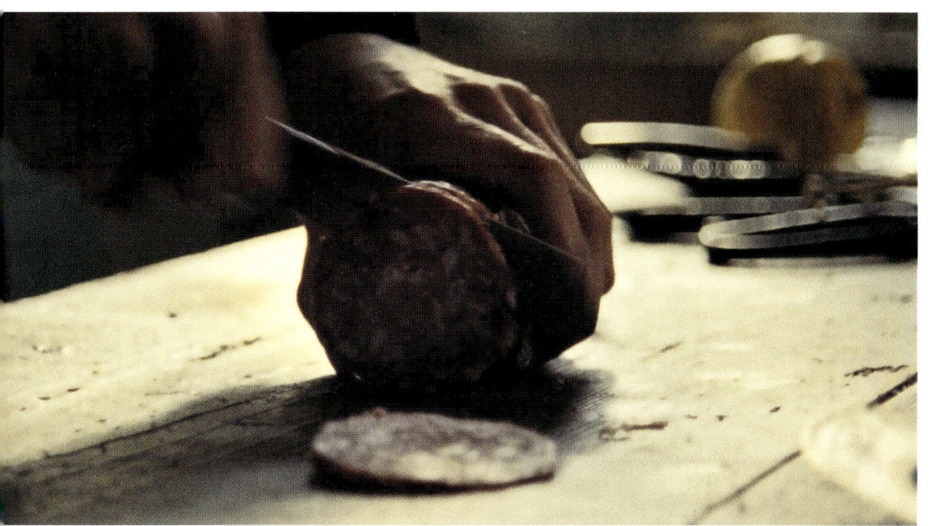

Bild 26 Küche

FRITZI steht am Küchentisch und schneidet eine Salami auf. IRMA kommt in Reitkleidung dazu.

IRMA Ich habe so furchtbare Blasen an den Füßen. Haben Sie etwas Salbe für mich? Also Kamillensalbe?

FRITZI Ha, Blasen hab ich früher beim Wandern auch bekommen.

FRITZI lächelt IRMA leicht patzig an.

FRITZI Da hinten im Kabinett.

IRMA öffnet den Schrank, findet die Salbe nicht. FRITZI verdreht die Augen, greift danach und reicht sie ihr.

IRMA Danke.

FRITZI Eincremen müssen Sie Ihre Füße schon selbst.

IRMA Ja.

IRMA starrt hungrig auf die Salami.

FRITZI Was möchten Sie denn eigentlich wirklich?

FRITZI riecht an einem Stück Salami und hält es ihr hin.

IRMA Meinen Sie?

FRITZI Sieht doch keiner.

IRMA nimmt sich das Stück und schiebt es sich gierig in den Mund.

IRMA Ich hab hier immer so schrecklichen Appetit, wissen Sie *(kichert)*.

FRITZI Ja, ja. Ich weiß.

FRITZI hält IRMA ein weiteres Stück hin.

IRMA Noch eine?

IRMA schlingt es ebenfalls gierig hinunter.

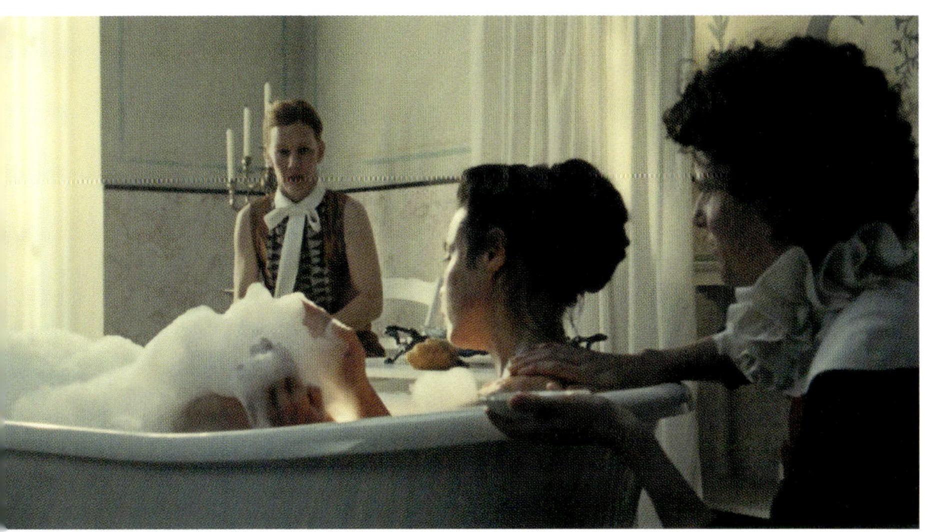

Bild 27 Sisis Badezimmer

Nahaufnahme von IRMAS Füßen, die auf der Waage stehen.

SISI Jedes Gramm Salami …

SISI liegt schaumbedeckt in der Badewanne, die Haare kunstvoll hochgesteckt. IRMA steht daneben auf der Waage. FRITZI rubbelt der Kaiserin mit einer Paste Schultern und Rücken. Ein HUND tollt im Schaumgestöber umher.

SISI … saust einem sofort in die Oberschenkel.

FRITZI massiert SISIS Schultern.

SISI Laß das die Gräfin machen, Fritzi, ja?

FRITZI Aber die weiß doch gar nicht, wie das geht …

FRITZI wirft IRMA einen bösen Blick zu und verschwindet widerwillig. IRMA nimmt die Paste und reibt sie vorsichtig auf SISIS Rücken.

IRMA Ich will Ihnen nicht wehtun …

SISI pustet IRMA Schaum ins Gesicht. IRMA, überrascht, spritzt SISI naß. Halb gezogen, halb sich fallen lassend landet auch IRMA in der Badewanne. Beide lachen, bewerfen sich mit Schaum und Badewasser.

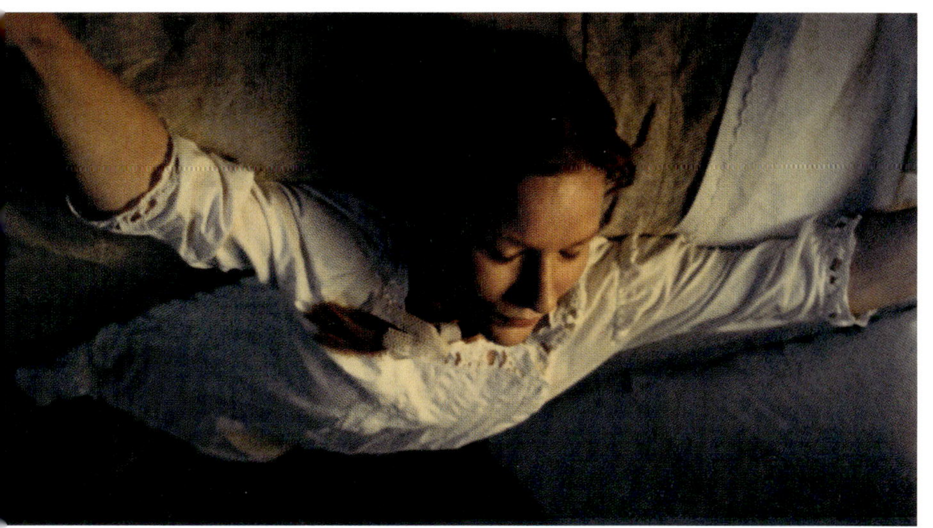

Bild 28 Montage

Musik: Things That We Do / Rose Melberg

Nahaufnahme einer Ameisenstraße. IRMA hält sanft einen Finger in den Strom der Ameisen.

IRMA (V. O.) Liebe Frau Mama. Ich schreibe Ihnen heute in großer Leichtigkeit, die mein Herz erfaßt hat. Das Klima Griechenlands ist gut zu mir.

IRMA läuft mit Blumen aus dem Garten hinein und durch den Wintergarten in den Salon.

IRMA (V. O.) Zwar verlangt mir mein neues Leben Ungewöhnliches ab, doch ich glaube, es würde Sie mit Stolz erfüllen …

SISI sitzt lesend auf dem Fußboden. Sie raucht, während IRMA die Blumenvase auf den Tisch vor ihr stellt und die Blumen arrangiert.

IRMA (V. O.) … wenn Sie sehen könnten, daß die Kaiserin mich bereits mit wichtigen Aufgaben betreut.

SISI sieht zu IRMA hoch, der leiseste Anflug eines Lächelns. IRMA schaut schüchtern weg und geht. Eine SCHILDKRÖTE läuft vorbei.

IRMA öffnet, auf ihrem Bett sitzend, ihren Erinnerungskasten. Sie nimmt ein paar Muscheln heraus und wendet sie hin und her.

IRMA (V. O.) Es ist seltsam, Mama. Die Meeresluft und die von der Kaiserin verordnete Magerkost machen mich frohgemut und leichtblütig.

IRMA trinkt nun etwas Kokainextrakt.

IRMA (V. O.) Ich sehe plötzlich klarer.

IRMA legt sich hin, Meeresrauschen, die Tinktur zeigt ihre Wirkung.

IRMA und SISI spielen in der Badewanne.

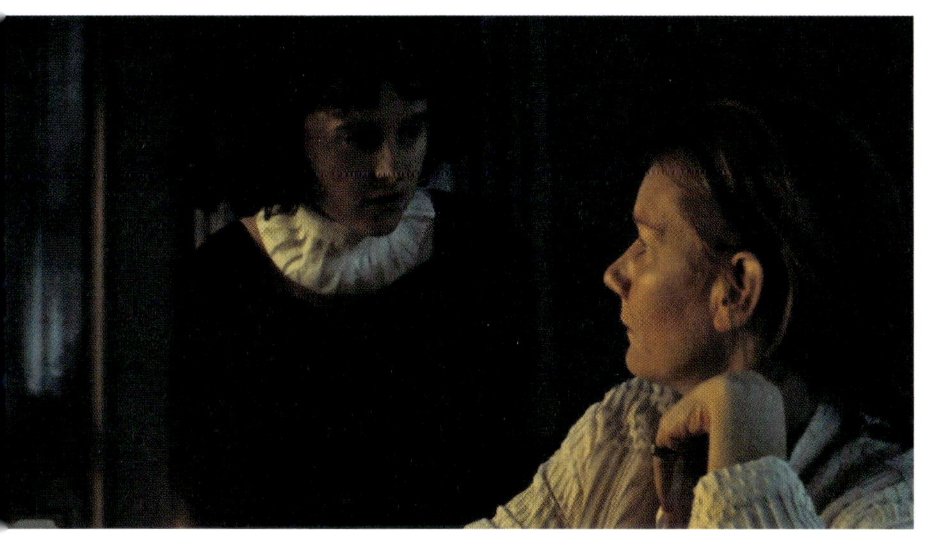

Bild 29 Irmas Schlafzimmer

Musik: Things That We Do / Rose Melberg

IRMA sitzt bei Kerzenschein an ihrem Schreibtisch und schreibt am Brief an ihre Mutter. Es ist spät in der Nacht. MARIE kommt herein.

MARIE Sie sollen sofort zur Kaiserin.

IRMA (V.O.) Ich folge ganz streng dem, was Sie, Frau Mama, von mir erwarten und denke, daß meine Fortschritte mit dem einhergehen, was Sie sich wünschen.

MARIE Sie sollen zur Kaiserin.

IRMA Wie spät ist es denn?

MARIE Das weiß ich doch nicht, wie spät es ist.

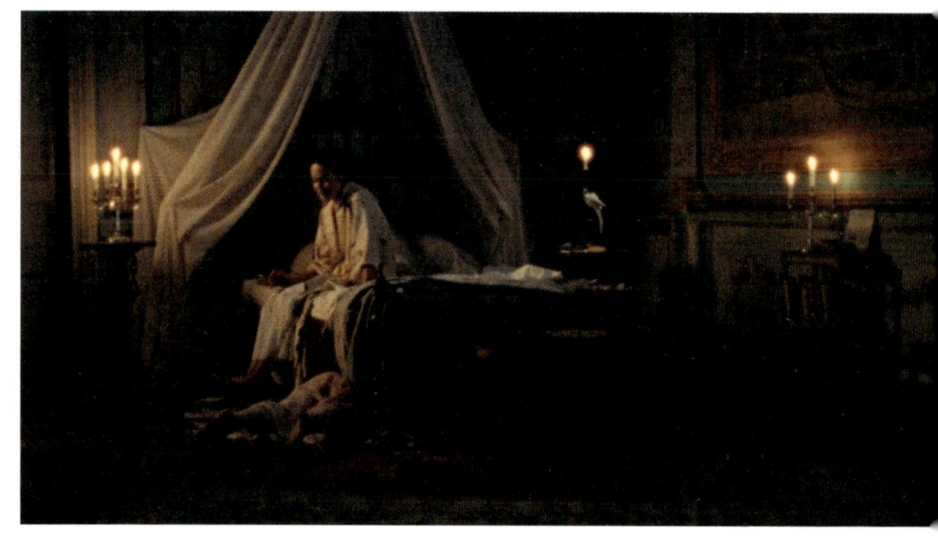

Bild 30 Sisis Schlafzimmer

IRMA liegt im Nachthemd unter SISIS Bett. Sie sucht etwas im Staub, ihre Füße gucken hervor. SISI sitzt dabei sichtlich amüsiert auf dem Bett und raucht.

IRMA Ich sehe keine Spinne.

SISI Doch! Sie ist riesig. Ganz hinten, an der Wand.

SISI grinst. IRMA leuchtet alles aus mit der Kerze, kommt am anderen Ende des Bettes wieder hoch.

IRMA Da war wirklich nichts.

SISI Dann können Sie ja wieder gehen.

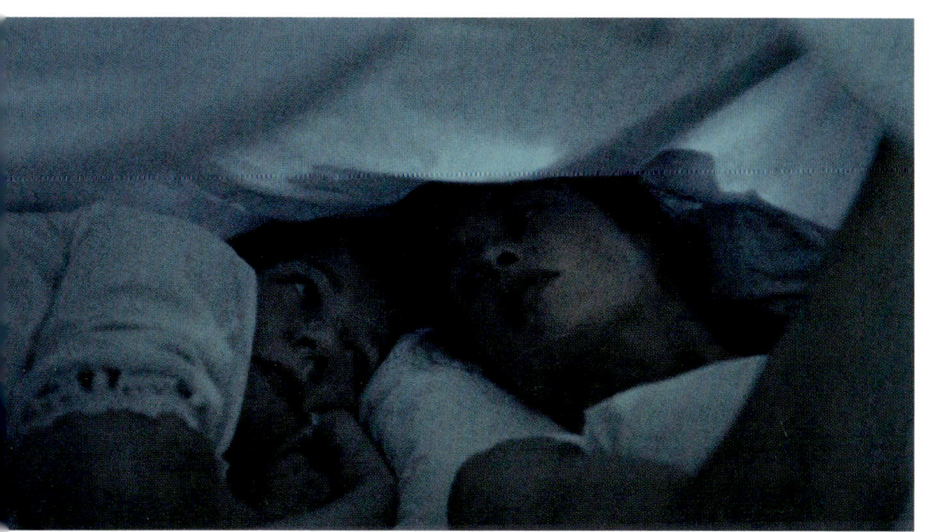

Bild 31 Irmas Schlafzimmer

IRMA schläft. Ein lauter Gewitterschlag, der Wind hat die Balkontür aufgestoßen. Prasselnder Regen.

IRMA wacht erschrocken auf, steht auf, um das Fenster wieder zu schließen.

Als sie zurück ins Bett will, erleuchtet ein Blitz das Zimmer taghell. Plötzlich sitzt SISI auf einem Stuhl an der Wand. IRMA erschrickt zu Tode und schreit.

SISI legt sich in IRMAS Bett.

SISI *(flüsternd)* Komm. Komm.

IRMA bekreuzigt sich und legt sich dann zu ihr.

SISI Ich muß Dir was erzählen.

Die beiden ziehen sich das Bettlaken über den Kopf, legen die Köpfe aneinander. Es gewittert weiter.

SISI Es war einmal ein Kind. Ein kleines Mädchen, und sie lebte im Bayernland. Und sie war frei. Lief barfuß und niemand störte es. Und eines Tages wurde sie von einem Gewitter überrascht, und sie verbarg sich unter einer riesenhaften Baumwurzel. Dann kroch ein altes Weib zu ihr. Und sie saßen schweigend nebeneinander. Und dann sagte die alte Frau: Mein Kind, sei wachsam. Schnell und ohne Leiden wird dein Tod sein. Hüte dich vor der Nadel.

IRMA Dornröschen.

SISI *(flüsternd)* Nein. Sisi.

IRMA *(lächelnd)* Ach so.

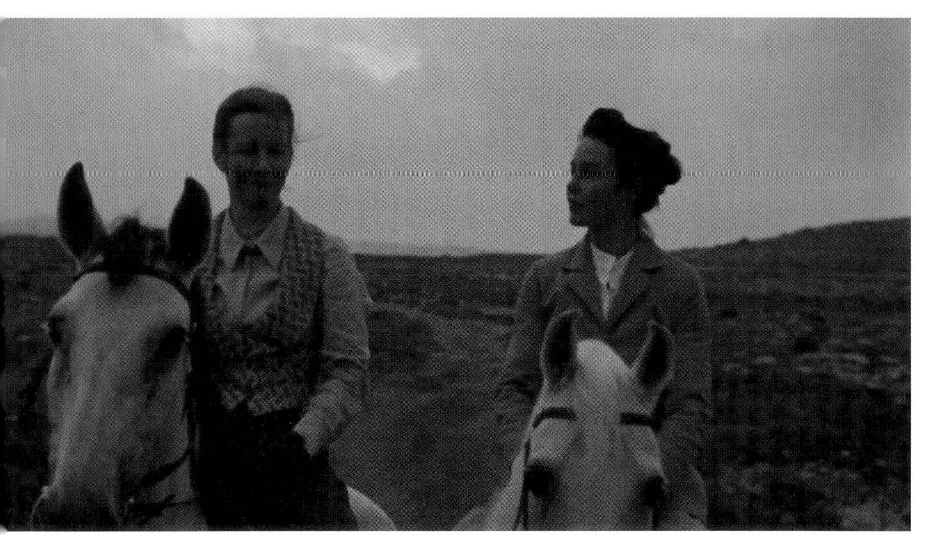

Bild 32 Korfu Klippenlandschaft

Es ist Abend. IRMA und SISI reiten gemeinsam aus, sie galoppieren an der Klippe entlang. Beide in Hosen. Sie verlangsamen und reiten im Schritt nebeneinanderher.

IRMA Wissen Sie, ich bewundere Ihren Mut. Daß Sie hier so ganz alleine leben. Also ohne den Kaiser.

SISI Ich habe so viel Energie und Zeit in diesen anderen Menschen gesteckt, und der in mich. So daß wir uns gegenseitig nur verausgabt haben.

IRMA Aber, also, vermissen Sie ihn denn nie?

SISI Wollten Sie denn nie heiraten?

IRMA Ich habe immer eine Abscheu vor den Männern gehabt. Sie sind, wenn ich das sagen darf, so behaart.

SISI Sie hätten ja auch einen jungen, unbehaarten Mann heiraten können.

IRMA lacht.

SISI Im Grunde ekelt mich die Sexualität an. Das Kinderkriegen ist sehr häßlich.

IRMA Ich finde Sie aber überhaupt nicht häßlich, Kaiserin.

Beide sehen sich an und galoppieren los.

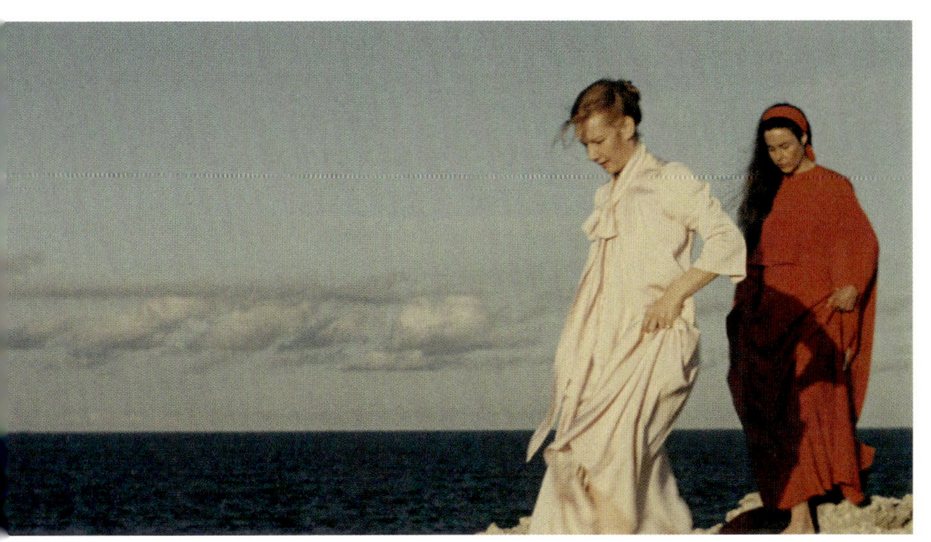

Bild 33 Montage

Musik: The Lady with the Braid / Dory Previn

SISI sieht sich im Spiegel an. Sie tritt zur Seite, und IRMA steht direkt hinter ihr. SISI tritt wieder zurück, jetzt ist wieder nur sie im Spiegel zu sehen.

SISI und IRMA sitzen mit einer Schildkröte im Arm im Garten auf einer Bank. SISI liest aus Jane Austens *Sense and Sensibility* vor. Beide tragen Hosen und teilen sich eine Zigarette.

> SISI … but Marianne for some time would give credit to neither. Edward seemed a second Willoughby; and acknowledging as Elinor did, that she had loved him most sincerely, could she feel less than herself? As for Lucy Steele, she considered her so totally …

Ein merkwürdiges Geräusch unterbricht SISI. Es ist BERZEVICZY, der hinter einem Gebüsch auf einer Rudermaschine Leibesübungen macht. Er schwitzt und nimmt es sehr ernst.

IRMA und SISI schleichen sich ganz nah heran.

SISI *(kläfft wie ein Hund)* Wau!

IRMA schreit schrill.

BERZEVICZY dreht sich erschrocken um. IRMA und SISI rennen weg, verstecken sich, lachend.

IRMA und SISI spazieren in langen, luftigen Kleidern auf einer Klippe. IRMA summt und singt das im Off klingende Musikstück mit.

IRMA … like a knife, would you care to stay awhile and save my life. Would you care to stay a while and …

SISI, die hinter IRMA gegangen war, ist plötzlich verschwunden. IRMA dreht sich um und erschrickt.

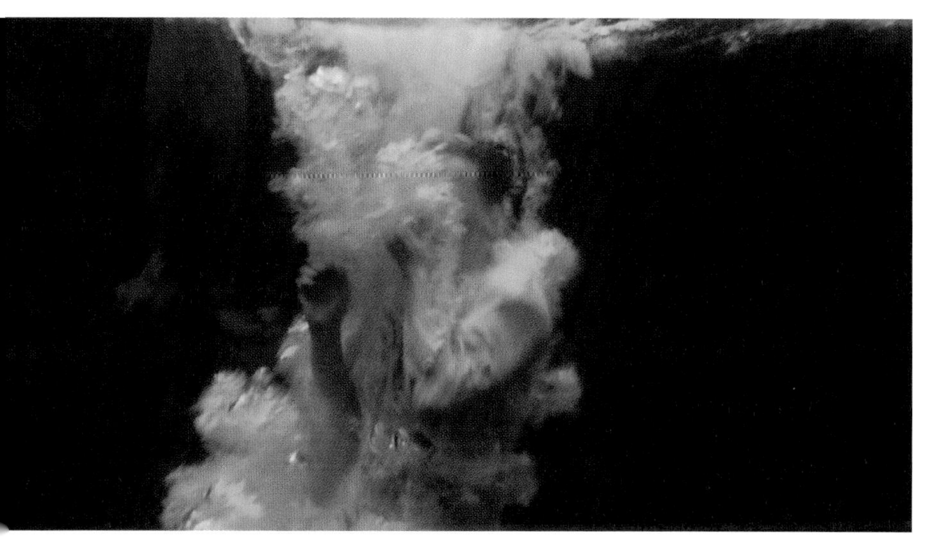

Bild 34 Klippe

IRMA tastet sich zur Klippe vor, schaut hinab. Weit unten im Meer treibt Sisis rotes Kleid.

IRMA Elisabeth!!

IRMA hält sich die Nase zu und springt von der hohen Klippe ins Meer.

IRMA taucht auf. Neben ihr schwimmt eine Coca-Cola-Dose im Wasser. Panisch sucht sie die Kaiserin.

IRMA Elisabeth! Elisabeth!!

SISI taucht lachend und glucksend hinter IRMA auf. IRMA ist erleichtert und zugleich wütend.

SISI Lach doch mal!

IRMA *(schreit)* Mach so was nicht noch mal!

SISI *(lacht)* Ach, komm.

IRMA Mach das nicht noch mal, hörst Du?

SISI Nee. Ich hab Wasser in den Ohren.

IRMA spritzt SISI empört Wasser ins Gesicht, und SISI zieht sie unter die Oberfläche.

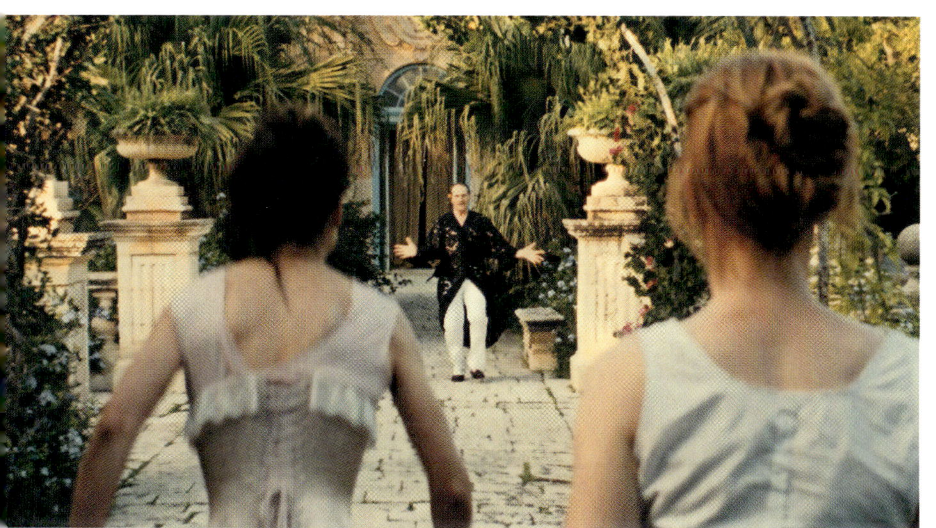

Bild 35 Garten der Villa

SISI und IRMA kommen in nasser Unterwäsche und mit nassen Haaren vom Meer zurück.

SISI … wir müssen mindestens drei bis fünf Mal springen und dann …

Ein Mann in einem von Sisis Morgenmänteln läuft auf die beiden zu. Es ist VIKTOR, ERZHERZOG VON ÖSTERREICH, der Bruder des KAISERS FRANZ JOSEPH.

VIKTOR *(grölt)* E-l-i-s-a-b-e-t-h! Huhu!

SISI rennt so schnell sie kann auf ihn zu.

SISI Luziwuzi! Das gibt's doch nicht. Du Sau.

VIKTOR und SISI umarmen sich stürmisch.

VIKTOR Ich mußte dringend nach Cortina d'Ampezzo, deshalb bin ich jetzt hier bei Dir in Griechenland.

SISI Oh, Viktor.

VIKTOR küßt sie auf die Wange.

VIKTOR Hast Du schon wieder eine Neue zum Verfeuern?

IRMA macht einen Knicks.

SISI Viktor. Es darf eigentlich kein Mann hierherkommen, aber Du darfst das – weil Du so unverschämt bist.

IRMA Irma, Gräfin von Sztáray.

VIKTOR Mhm.

SISI Der Kaiser hat sie geschickt. Dein Bruder. Mich auszuspionieren. Tut sie aber nicht.

SISI dreht sich zu IRMA um. BERZEVICZY tritt hinzu, hilft SISI in einen japanischen Hausmantel.

BERZEVICZY Hier, Elisabeth.

SISI zeigt auf BERZEVICZY.

SISI Der hier ist viel besser im Spionieren.

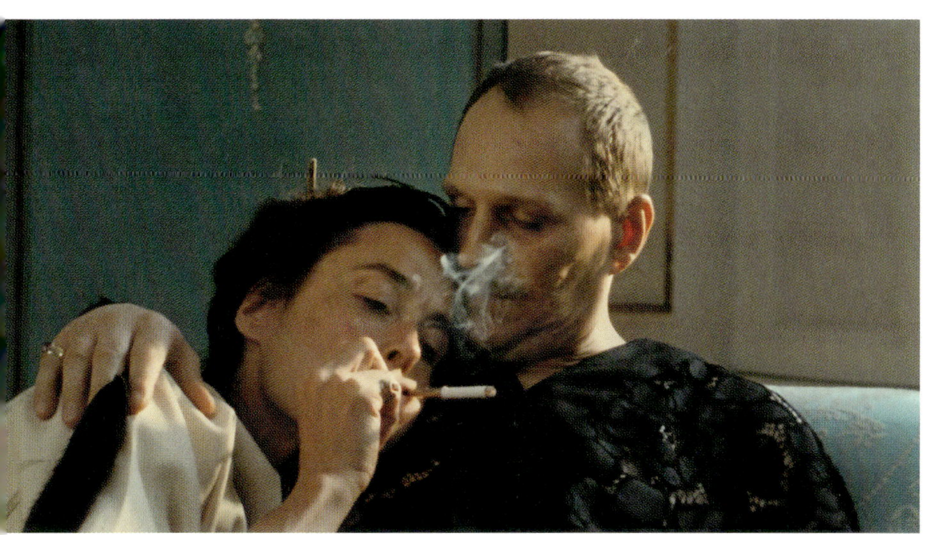

Bild 36 Wintergarten und Salon

SISI liegt auf einem Stuhl, und VIKTOR läßt die Turnringe durch den Raum schwingen. IRMA steht etwas abseits, BERZEVICZY ebenfalls.

VIKTOR Du siehst sehr gut aus.

SISI Das macht die Entfernung Österreichs.

VIKTOR Dein Mann hat mir ein großes Unrecht getan.

SISI Du hättest Deine Orgien ja auch hier in Griechenland abhalten können, nicht in Wien.

VIKTOR hilft SISI aus dem Stuhl und führt sie in den Salon, direkt an IRMA vorbei, die alles genau beobachtet.

VIKTOR Pfff. Griechenland. Wahrscheinlich vermißt man mich schon. Ohne Deine Schönheit und ohne meine Skandale ist Wien zum Provinznest verkommen.

SISI Du schriebst doch immer so enthusiasmiert aus dem Exil.

VIKTOR fläzt sich auf die Chaiselongue, SISI sitzt bei ihm. Beide sind ziemlich intim miteinander.

VIKTOR Na ja, zuerst war Salzburg auch recht lustig. Das Theater und so. Und dann habe ich natürlich die explosivsten Gesellschaften veranstaltet.

BERZEVICZY eilt mit einem angezündeten Streichholz herbei.

VIKTOR Warum eigentlich bist Du nie vorbeigekommen?

SISI Ich bin einfach froh, wenn mich niemand sieht und über mich lästert.

VIKTOR Bei mir waren die schönsten Männer Europas zu Gast.

SISI kuschelt sich zu VIKTOR. Dieser bläst den Rauch der Zigarette theatralisch ins Zimmer. IRMA beobachtet die beiden.

VIKTOR Das Alter ist ein Ungeheuer. Man ist einsam, und dann muß man sich auch noch anständig benehmen.

SISI Hier bei mir mußt Du gar nichts.

BERZEVICZY bringt einen Aschenbecher, hält ihn unter Viktors Zigarette.

BERZEVICZY Bitte schön.

SISI Raus!

BERZEVICZY geht vorsichtig aus dem Zimmer.

VIKTOR *(flüsternd)* Der hat ja einen ganz kleinen Popo.

SISI *(schmunzelt)* Der ist eh nicht mehr lange hier.

VIKTOR Schade. Ich mag den.

SISI Ja, ja. Ich ja auch.

VIKTOR Weißt Du, was wir jetzt tun sollten? Wir sollten auf der Stelle ein Theaterstück aufführen!

SISI Ach, immer dasselbe. Hast Du denn gar keine Phantasie?

VIKTOR kniet bettelnd vor SISI nieder.

VIKTOR Ach, bitte, bitte, bitte, Kusinchen. Du weißt, ich lieb das doch so sehr!

SISI Gut. Ich werde aber nur zuschauen. Und Gräfin Irma wird heute Abend übernehmen.

IRMA Nein, nein, bitte nicht. Ich hasse das Theater.

SISI So kräftige Ausdrücke wie »hassen« mag ich gar nicht. Es sei denn, sie kommen von mir.

VIKTOR Ich werde Sie … inszenieren.

VIKTOR beißt in einen Apfel.

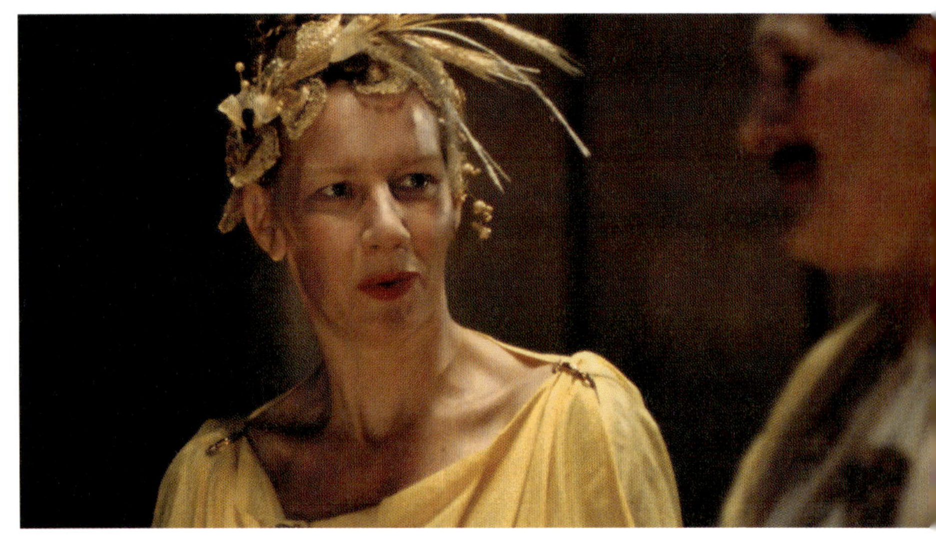

Bild 37 Im nächtlichen Garten

Der Garten ist beleuchtet wie eine Theaterbühne. SISI, ihren HUND zu Füßen, und BERZEVICZY und einige MÄGDE und DIENER sitzen auf dem Gras.

Die klagehaften, melancholischen Klänge einer Okarina sind zu hören. Auf der Bühne nun VIKTOR, dann IRMA und rechts und links daneben FRITZI und MARIE als Bäume verkleidet.

VIKTOR trägt eine weiße Frauentoga, darunter nichts, auf dem Kopf einen Lorbeerkranz. Er ist barfuß. Seine Augen sind stark mit Lidschatten geschminkt, sein Mund mit leuchtend rotem Lippenstift.

VIKTOR/LYSISTRATE Der Schauplatz: Straße in Athen vor der Akropolis. Es tritt auf: Lysistrate.

Leises Gelächter im Publikum.

VIKTOR/LYSISTRATE Nicht eine Frau ist auf dem Platz. Hier meine Nachbarin! Willkommen, Kalonike!

IRMA schreitet barfuß. Sie trägt ebenfalls Toga, allerdings zitronengelb, und eine ebenso gelbe Schleppe – die Haare sind am Hinterkopf hochgesteckt.

IRMA/KALONIKE Dank, Liebste. Was bedrückt Dich so? Die Stirnfalten stehen Dir nicht.

VIKTOR/LYSISTRATE Ach, Kalonike! Mir kocht das Herz vor Zorn.

BERZEVICZY *(spricht mit)* Mir kocht das Herz vor Zorn.

VIKTOR/LYSISTRATE Und was mich wütend macht, sind wir!

Die Bäume FRITZI und MARIE rascheln mit den Zweigen. Das Publikum kichert.

VIKTOR/LYSISTRATE Wir Frauen.

Gelächter im Publikum.

VIKTOR/LYSISTRATE Die … äh …

BERZEVICZY *(einflüsternd)* Die Männer … die Männer sagen ohnehin …

VIKTOR/LYSISTRATE Die Männer sagen ohnehin, wir seien nur nichtsnutzige Schlampen …

Gelächter im Publikum.

VIKTOR/LYSISTRATE *(seufzt)* Und nun schlafen sie und kommen alle nicht!

IRMA/KALONIKE Ach, die kommen. Du weißt doch, eine Frau hat am Morgen so viel zu tun. Die eine muß zuerst ihren Mann zufriedenstellen. Die andere muß das Kind füttern …

VIKTOR/LYSISTRATE Mir aber liegt ein größeres Ding am Herzen!

IRMA/KALONIKE Größer? Am Herzen? Und darum rufst Du die Frauen zusammen? Beschreib mir dieses Ding.

VIKTOR/LYSISTRATE Groß! Sehr groß!

IRMA/KALONIKE Auch dick?

VIKTOR/LYSISTRATE Auch dick.

IRMA/KALONIKE Wie? – Und das verschlafen die Frauen?

VIKTOR/LYSISTRATE Mit diesem Ding, von dem ich sprech, hab ich mich schlaflos herumgewälzt, so manche Nacht.

VIKTOR zieht ein großes, phallisches Horn zwischen den Beinen hervor und richtet es auf. Das Publikum tobt vor Gelächter.

SISI Gen-ial!

BERZEVICZY Bravo! Bravo! Ihr seid von Genie umweht!

BERZEVICZY und SISI stürmen begeistert auf die Bühne, BERZEVICZY umarmt VIKTOR innig. SISI küßt VIKTOR auf beide Wangen. IRMA steht etwas verloren herum.

BERZEVICZY Da capo! Da capo!

SISI Die Bäume waren auch gut, oder? Die Bäume waren sehr gut.

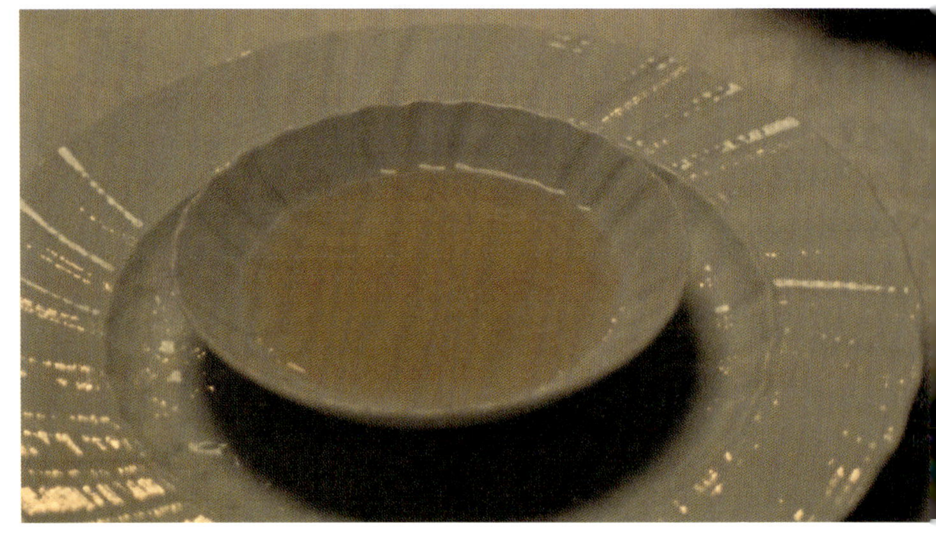

Bild 38 Beim Abendessen im Salon

SISI, IRMA und VIKTOR sitzen am kleinen runden Tisch. Kerzenschein. MÄGDE servieren Teller mit Suppe. Es gibt Rotwein. VIKTOR ist schon recht angetrunken.

IRMA Danke.

Lautes Magenknurren ist aus VIKTORS Richtung zu hören.

VIKTOR Hä? Das ist ja nur lauwarmes Wasser.

SISI Tatsächlich.

IRMA Ja. Das regt die Verdauung an.

VIKTOR Aber wenn es nun nichts zu verdauen gibt, dann kann ja auch nichts angeregt werden.

Man löffelt weiter die dünne Suppe.

VIKTOR Dürfte ich bitte mal das Salz sehen?

IRMA reicht ihm das Salzfaß, VIKTOR nimmt es nicht.

VIKTOR Danke, ich wollt's nur mal sehen.

SISI kichert. Sie hat den Witz schon öfter gehört. IRMA verdreht die Augen.

SISI Der Darm, lieber Luziwuzi, enthält die Essensschlacke von vor drei Jahren. Du kannst Dir gar nicht vorstellen, was man alles sehen würde, wenn man Dich da unten aufschneiden täte.

VIKTOR Auf jeden Fall mehrere Hektoliter Offizierssamen.

VIKTOR schüttet sein Glas Rotwein in den Suppenteller. SISI kichert. Sie ist auch schon recht angetrunken.

IRMA Das ist mit Verlaub das Häßlichste, was ich je gehört habe.

SISI Du bist wirklich eine Sau.

VIKTOR Also, mir ist das hier jetzt zu langweilig. Aktion! Zack, zack! Tintenfaß und Nähnadel. Sofort!

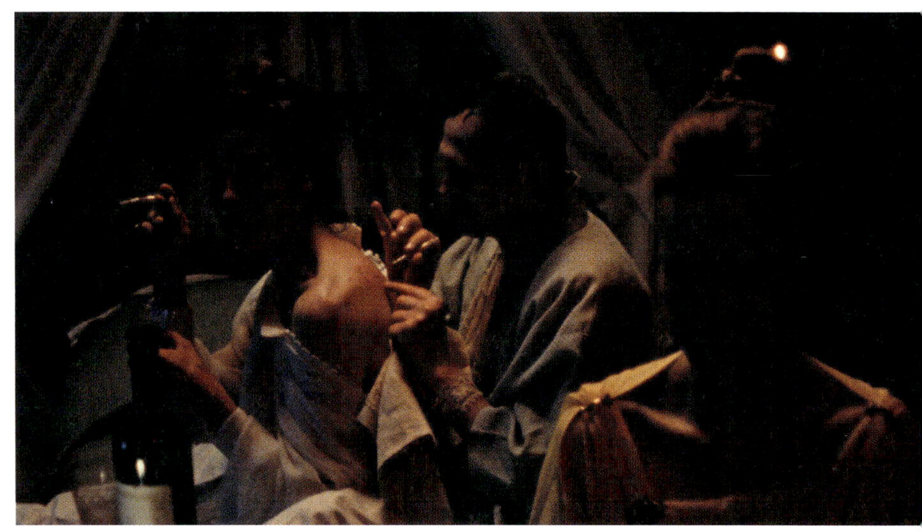

Bild 39 Sisis Schlafzimmer

Musik: Tess Parks / Life After Youth

Nahaufname einer Tätowiernadel, von deren Ende dunkle Tinte tropft. Sie sticht in SISIS Haut. VIKTOR hält die Nadel in eine Kerze und taucht sie in das Tintenfaß. SISI hat ihr Kleid etwas heruntergezogen und ihre Schulter entblößt. VIKTOR nähert sich betrunken SISIS Schulter mit der Nadel und sticht ihr erneut in die Schulter.

SISI Aua!

IRMA Ihr sollt jetzt damit aufhören!

VIKTOR nimmt einen großen Schluck aus seinem Weinglas.

VIKTOR Ha! Du kommst auch gleich dran!

SISI *(lacht betrunken)* Was machst Du denn für ein Motiv?

VIKTOR Es wird genial.

VIKTOR und SISI trinken weiter Rotwein.

IRMA Aber keine Nadeln. Sisi, als Deine Freundin kann ich das nicht erlauben.

SISI Du bist nicht meine Freundin.

VIKTOR Und kleinkariert bist Du auch.

VIKTOR schenkt SISI Wein nach und sticht erneut zu.

SISI Aua!

IRMA Das hättest Du nicht tun sollen, das hättest Du nicht tun sollen.

SISI beißt sich vor Schmerzen auf die Unterlippe.

IRMA Möge die heilige Mutter Gottes Dich ewig schützen auf all Deinen Wegen und der liebe Herr Jesus …

SISI fährt hoch, die Tätowiernadel rutscht ab. Sie greift IRMA grob an die Gurgel und drückt ihre Finger hinein, plötzlich wie eine andere Person, ihr Blick bedrohlich.

SISI … Hör auf mit dem ewigen Gejammer! Ich ertrag es nicht.

IRMA steht etwas abseits, ihr Gesicht wie versteinert.

Nahaufnahme von der Tätowierung auf der Schulter. In krakeliger, blutiger Schrift steht dort nun:

V + E

VIKTOR wischt SISIS Blut und überschüßige Farbe mit einer Serviette ab.

VIKTOR Viktor und Elisabeth. Bißchen gezittert. Aber genial.

IRMA Ihr seid infantil.

SISI Gut. Wir machen jetzt was richtig Lustiges.

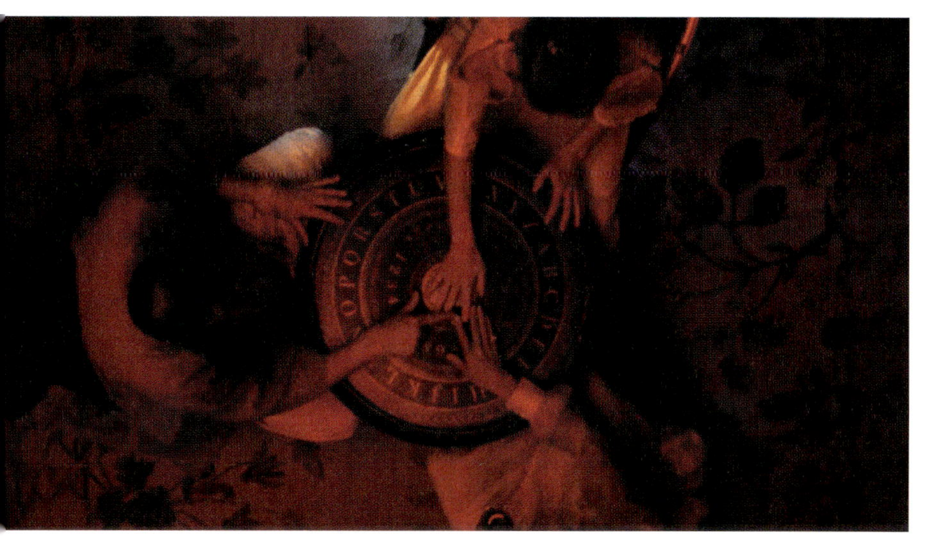

Bild 40 Sisis Schlafzimmer

VIKTOR, SISI und IRMA sitzen an einem runden Séance-Tisch, von oben ist zu sehen, wie alle ihre Hände flach auf die Geisterbrettmarkierungen legen. Im ganzen Zimmer brennen Kerzen und tauchen es in rötliches Licht.

VIKTOR Ich rufe den Geist von König Ludwig.

SISI Ludwig, komm, wir müssen mit Dir sprechen.

IRMA Oh Gott!

Der Buchstabenzeiger springt hin und her unter ihren Händen, buchstabiert I-C-H-B-I-N-E-S.

IRMA Ich bin es. Ludwig?

Nun springt der Zeiger rasend schnell hin und her. IRMA liest ab.

IRMA/LUDWIG Hundert – Jahre – wirst – Du – sch … Kusine … Hundert Jahre wirst Du schlafen. Hundert Jahre wirst Du schlafen.

VIKTOR Dornröschen.

SISI Viktor! Schweig still! – Ludwig. Wer hat Dich ermordet?

IRMA/LUDWIG Hüte Dich vor spitzen Dingen.

SISI Die Prophezeiung!

VIKTOR Ludwig, Du Arschloch.

SISI Viktor! Ich muß Dich schon sehr bitten!

Sie nehmen die Hände von dem Buchstabenzeiger.

VIKTOR Das ist mir jetzt zu anstrengend. Ich geh jetzt schwimmen. Und zwar nackt.

VIKTOR verläßt mit einer dramatischen Drehung das Zimmer. SISI und IRMA sehen sich an.

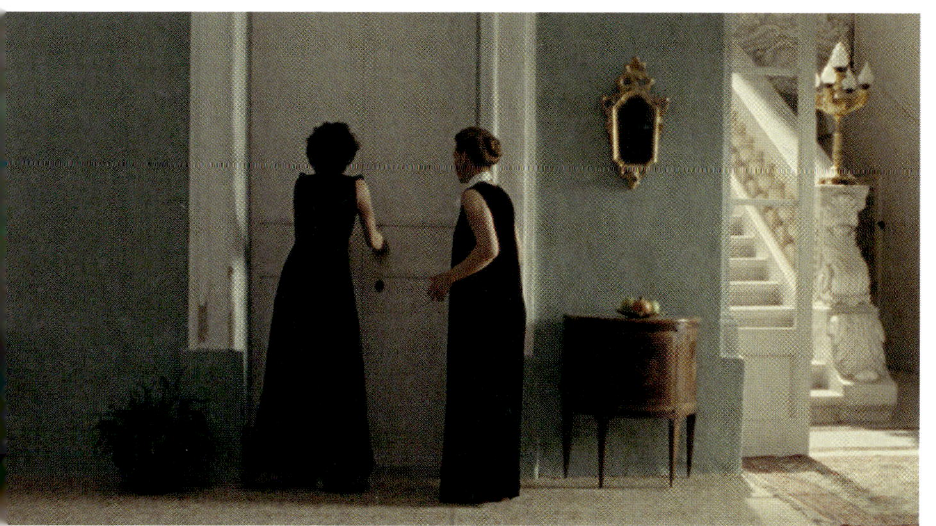

Bild 41 Vor Viktors Zimmertür

Leerer Flur vor VIKTORS Zimmer. Lautes Gepolter und Gekreische. FRITZI und IRMA eilen herbei.

Aus Viktors Zimmer wird heftig von innen an die Tür gebollert und geschrien.

VIKTOR (O.S.) Mach die Türe auf!! Mach die Türe auf!!

Sie bleiben vor der Tür stehen.

IRMA Was ist denn hier los, um Gottes willen?

VIKTOR (O.S.) Laß mich raus, verdammt noch mal!

FRITZI Elisabeth hat ihn eingesperrt.

VIKTOR wirft offensichtlich das Mobiliar von innen gegen die Tür.

VIKTOR (O.S.) Du widerliche Schlange! Mach die Tür auf!

IRMA versucht, die Tür zu öffnen.

FRITZI Es ist ein Irrenhaus.

BERZEVICZY kommt den Gang entlanggelaufen, gefolgt von SISI und MARIE. VIKTOR poltert und schreit weiter.

BERZEVICZY Aufhören! Sofort!

SISI Er will abreisen. Zum Maskenball von König Karl Württemberg in Stuttgart.

FRITZI Zu den Päderasten.

SISI Noch ein Wort, und Du verläßt meinen Dienst.

FRITZI Bitte untertänigst um Verzeihung, Hoheit.

VIKTOR (O.S.) Sisi, bist Du das? Mach bitte auf! Ich liebe Dich!

BERZEVICZY Das ist doch absurd!

IRMA Ich mache jetzt die Tür auf.

IRMA tritt mit Wucht die Tür ein. Dort steht VIKTOR, halbnackt in Corsage und Strumpfhaltern, die Augen von verweinter Schminke umrandet, sichtlich derangiert und die Haare abstehend, im Zimmer. FRITZI, MARIE, BERZEVICZY und IRMA schauen SISI über die Schulter.

SISI Viktor! Mein armer Viktor!

VIKTOR Warum verdammt noch mal hast Du mich eingesperrt?

SISI Ich wollte nicht … Ich will nicht, daß Du mich verläßt …

VIKTOR ist sichtlich gerührt.

VIKTOR Ach Sisi, meine süße Kaiserin.

SISI Mir ist so schwermütig ohne Dich.

VIKTOR Ach Sisi, glaub mir. Wenn ich eine Frau heiraten müßte, würdest nur Du es sein.

SISI dreht sich um und läuft weinend aus dem Zimmer.

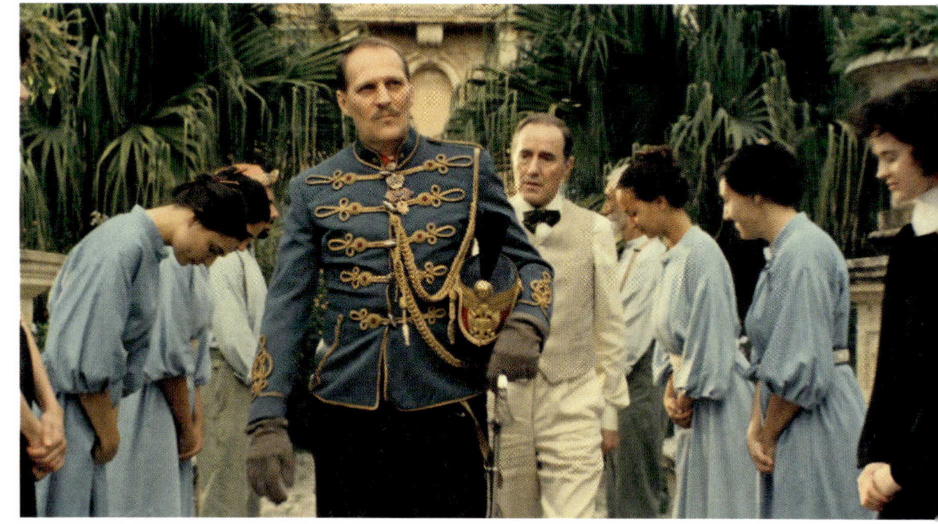

Bild 42 Im Garten

Gefolgt von BERZEVICZY, verläßt VIKTOR die Villa in prächtiger blauer Husarenuniform.

VIKTOR dreht sich um, die Hand auf dem goldenen Säbelknauf an seiner Seite. Er schaut hinauf zum Dach, dort oben steht einsam SISI.

VIKTOR *(seinen Bruder Franz Joseph nachahmend)* Es war sehr schön, und es hat mich sehr gefreut. Hehe.

VIKTOR geht, die anderen stehen Spalier und sehen ihm nach.

SISI sieht ihm nach.

Musik: Waiting / Alice Boman

Er nimmt sich im Gehen eine Frucht vom Baum und beißt hinein.

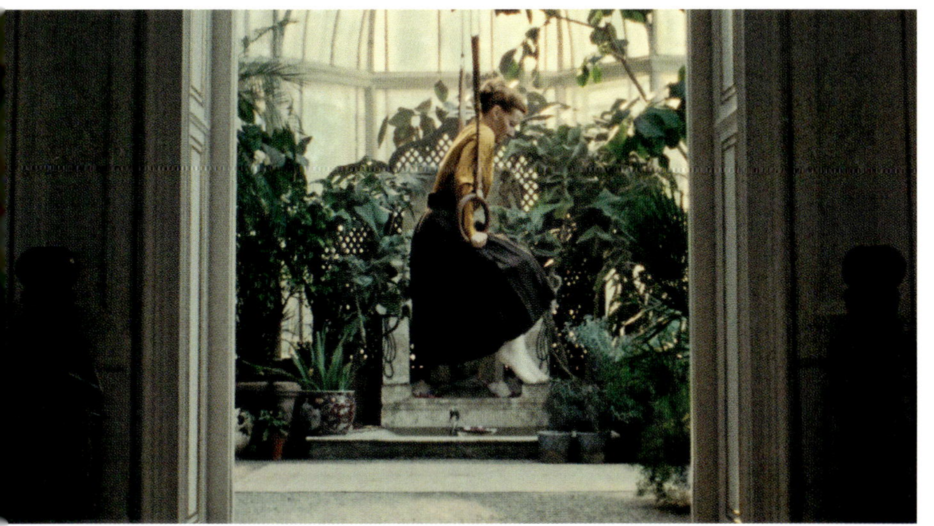

Bild 43 Montage

Musik: Waiting / Alice Boman

IRMA klopft zaghaft an SISIS Schlafzimmertür, horcht. SISI weint hemmungslos hinter der Tür.

IRMA Elisabeth?

Keine Antwort.

IRMA schubst im Wintergarten lustlos und traurig die Turnringe. Dann probiert sie die Ringe aus, zieht sich erfolgreich hoch, sie ist stärker geworden.

IRMA bringt einen Krug mit selbstgepflückten Blumen und stellt ihn vor SISIS Tür.

Die Blumen verwelken unbesehen und werden von IRMA wieder mitgenommen.

IRMA sitzt bei Kerzenschein alleine im Salon am runden Eßtisch, in Abendgarderobe. Vor sich ein winziges Stückchen Fisch auf einem großen Teller. Sie ißt eine Gabel davon. Tränen rollen ihre Wangen hinab.

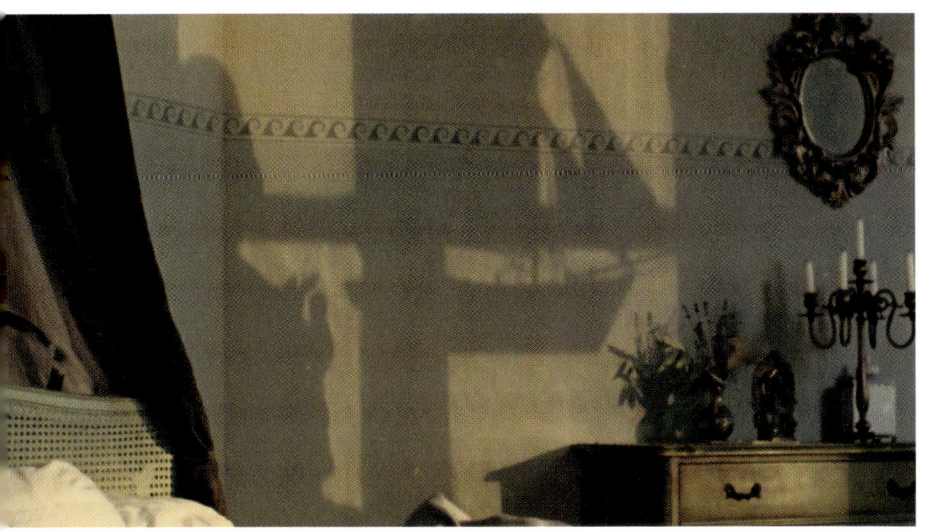

Bild 44 Irmas Schlafzimmer

Es ist Morgen. IRMA liegt schlafend in der Sonne auf ihrem Bett, auf sie fällt der Schatten des vorm Fenster hin und her schwankenden Segelbootmodells.

SISI Na los jetzt, Irma.

IRMA wacht auf und sieht im Gegenlicht erst das Schiffsmodell, dann SISI, perfekt angezogen, im schlichten Kleid und in allerbester Laune. IRMA setzt sich rasch auf, richtet sich die vom Schlaf verwirrten Haare.

SISI Komm, wir verlassen Europa.

IRMA Oh. Reisen wir Viktor nach?

SISI Nein, nach Algier. Mit dem Schiff. Nur wir beide.

IRMA Ach.

SISI Und die anderen.

IRMA Ja, natürlich.

SISI Wir sind schon viel zu lange an einem Fleck.

SISI tritt kurz zu ihr und wickelt ihr ein Tuch zum Turban um.

SISI Außerdem soll es im Araberviertel das sagenhafte Mimosenglacé geben. Und das muß ich probieren. Bevor ich sterbe.

SISI verläßt das Zimmer, gibt dem Schiffsmodell noch einen kleinen Stoß, und das Schiff mit den gelben Segeln beginnt wieder hin und her zu schaukeln. Überblendung.

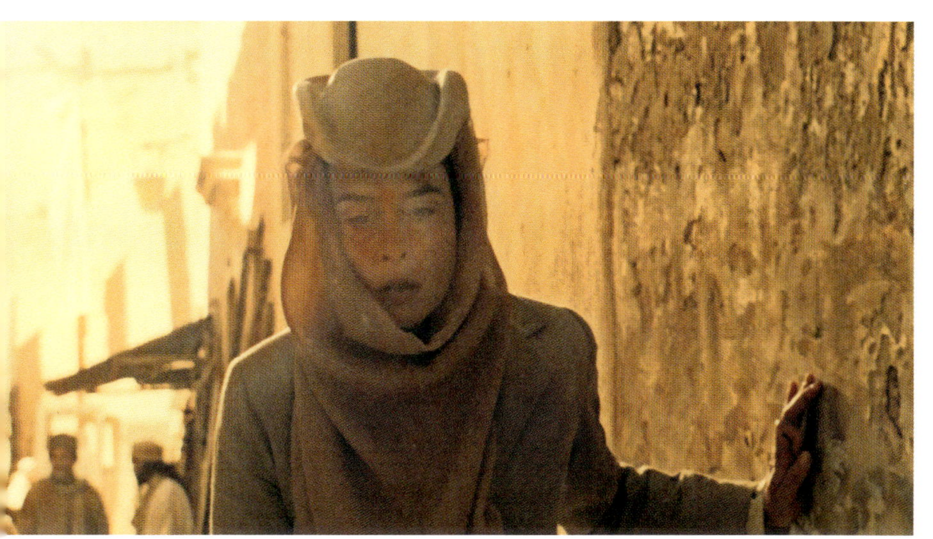

Bild 45 Färberviertel von Algier

Überblendung. Arabische Musik und Stimmengewirr. Auf einem Hausdach färben Frauen gelbe Tücher und hängen sie zum Trocknen auf.

IRMA und SISI gehen schwitzend und in Begleitung des mit einem Revolver bewaffneten BERZEVICZYS und FRITZI durch die engen Gassen des mittelalterlichen Araberviertels.

Männer und Jungen in weißen Djellabas strömen ihnen Richtung Moschee entgegen, es ist schwer, voranzukommen. Einige Jungs spielen ein Klatschspiel. Überall Töpfe mit gelber Farbe, Haufen von gelben Farbpigmenten, Stoffballen etc. Dazwischen Menschen, Ziegen, Esel. IRMA und FRITZI sind leicht angeekelt.

BERZEVICZY Hier lang. Non, non, non! De la menthe! Voilà. Hier.

BERZEVICZY kauft an einem Stand Büschel von Minze, die sich alle vor die Nase halten sollen. IRMA ist dankbar, SISI lehnt ab.

SISI Wo ist denn jetzt das Eisgeschäft, Berzeviczy?

BERZEVICZY Keine Sorge. Ich habe alles im Griff.

Sie eilen weiter. FRITZI wird von einer Gruppe JUNGEN bestürmt.

FRITZI Irma! Irma?

FRITZI wird abgedrängt und bleibt zurück.

SISI, IRMA und BERZEVICZY biegen in eine Seitengasse.

SISI Wir sollten mal nach Indien. Willst Du, Irma? Der Raja von Travancore ist mein guter Freund …

IRMA Na ja, Indien. Also jetzt sind wir ja erst mal hier.

SISI tritt in irgendetwas hinein. Sie verzieht ihr Gesicht vor Schmerz.

SISI Aaaah!

BERZEVICZY eilt voraus, er hat das Eiscremegeschäft gefunden. Ein Schild: *Glaces aux Mimosas.*

BERZEVICZY Ah, da ist es ja!

BERZEVICZY klopft und poltert an die verschlossene Tür. SISI kommt angehumpelt.

BERZEVICZY Il y a quelqu'un?? C'est ouvert? Hallo?

IRMA Oh je. Ich befürchte, das mit dem Mimosenglacé wird heute nichts mehr.

BERZEVICZY Ouvrez la porte, s'il vous plaît.

SISI setzt sich hin, untersucht ihren Fuß. IRMA sieht die Wunde und erschrickt. BERZEVICZY kommt hinzu, will den Fuß untersuchen.

BERZEVICZY Elisabeth!

SISI Nehmen Sie Ihre Finger weg!

SISI zieht sich einen riesigen Nagel aus der Fußsohle. Es blutet.

BERZEVICZY Wir bringen Sie in ein Spital, Kaiserin.

SISI Ach, Quatsch. Ist doch nur ein Kratzer.

IRMA Aber die Prophezeiung … Die Nadel … Du sollst nicht sterben! Lieber Herr Jesus!

SISI Irma. Bitte jetzt nicht beten.

Eine kleine Menge Schaulustiger hat sich gebildet.

BERZEVICZY Hier gibt es nichts zu sehen! Allez vous-en! Yalla, yalla, yalla!

SISI Berzeviczy. Tun Sie mir einen Gefallen. Gehen Sie zurück ins Hotel und legen sich hin.

BERZEVICZY plustert sich auf, legt die Hand auf den Knauf seines Revolvers.

BERZEVICZY Ich kann Sie hier nicht unbewacht und verletzt in der Kasbah zurücklassen.

SISI Manchmal ist ein Revolver nur ein Revolver, mein Lieber. Und das mit dem Sich-Hinlegen war übrigens ein Befehl.

BERZEVICZY verneigt sich, SISI und IRMA lassen ihn stehen.

SISI Komm, Irma. Mir reicht's. Ich brauche frische Luft.

Eine Fliege landet auf dem am Boden liegenden, blutverschmierten Nagel.

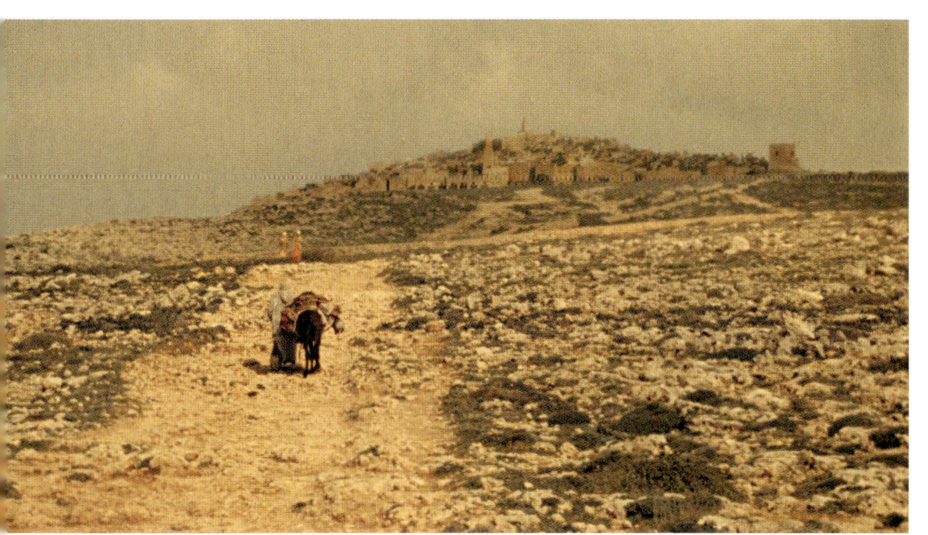

Bild 46 Wüste vor den Toren Algiers

SISI, die immer noch leicht humpelt, und IRMA wandern durch die Hügel vor der Stadt.

IRMA Ich glaube, ich werde in Zukunft nur noch Pflanzen essen.

SISI Spinnst Du?

IRMA Stell Dir vor, diese ganzen Tiermorde. Die ganze Zeit.

Ein ARABISCHER MANN mit einem Esel kommt ihnen entgegen, er trägt ein Bündel mit sich und winkt sie von Weitem herbei.

ARABISCHER MANN Pouvez-vous me donner une cigarette, s'il vous plaît?

IRMA Tu ferais mieux de nous donner une cigarette.

Der alte Mann lächelt verschmitzt. Er hockt sich hin, lädt sein Bündel vom Esel und breitet seine Waren auf dem Tuch im Staub aus.

SISI Wie amüsant.

SISI und IRMA gehen in die Hocke. SISI läßt einige Schmuckketten durch die Finger gleiten.

SISI Oh …

Sie sieht eine Eidechsenbrosche, mit Kristallen besetzt. Sie zeigt sie IRMA.

SISI Erinnert Dich das an etwas?

IRMA dreht die Brosche hin und her. Der ARABISCHE MANN nimmt nun ein schönes Amulett und gibt es SISI.

ARABISCHER MANN Ceci, excellence, est une amulette pour l'amitié, afin qu'elle dure éternellement.

SISI gibt das Amulett IRMA.

SISI Für Dich.

IRMA sieht SISI verliebt an. Der ARABISCHE MANN zieht eine kleine Dose aus der Djellaba.

ARABISCHER MANN Regardez. Complètement gratuit.

SISI öffnet die Dose, in der sich ein braunes, trockenes Stückchen befindet. Sie schnuppert daran.

SISI Oh. Ziegenmist. Comment osez-vous?

ARABISCHER MANN Non, non, chère dame. Ceci est un médicament secret. En goûter donne la jeunesse éternelle.

IRMA Aha?

ARABISCHER MANN Nous l’appelons: Hasheesh.

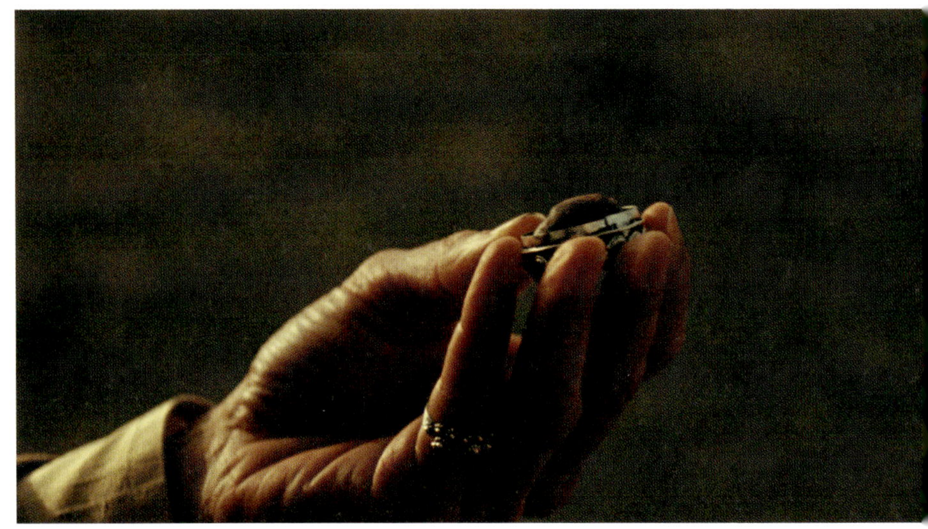

Bild 47 Wüstenlandschaft

Musik: Sinks of Gandy / The Other Years

SISI und IRMA auf Wanderung in der kargen Landschaft. Die Sonne neigt sich dem Abend hin, ist vielleicht schon untergegangen. SISI humpelt immer noch ab und zu.

SISI Ich ertrage es nicht, wenn er sich auf mich legt und schnauft.

IRMA Wie meinst Du das?

SISI Es ist doch besser, er regt sich anderswo ab.

Sie gehen nebeneinanderher.

SISI Seine Liebhaberin, diese Schauspielerin, hat sehr, sehr schöne Brüste. Und das ist das Wichtigste für Franzl.

IRMA Ihhh ... Ja. Aber vielleicht ist es ja wirklich ganz praktisch.

SISI Wo ist nur dieses idiotische Kloster?

SISI und IRMA drehen sich suchend um, sie haben sich tatsächlich verlaufen.

SISI Vielleicht sollten wir doch diese geheime Medizin mal probieren.

Sie hocken sich zusammen hin.

IRMA Au ja. Ich würde schon gerne.

SISI klaubt das Stück Haschisch aus dem Kästchen, beißt ein Stück davon ab und reicht den Rest IRMA, die es ebenfalls probiert.

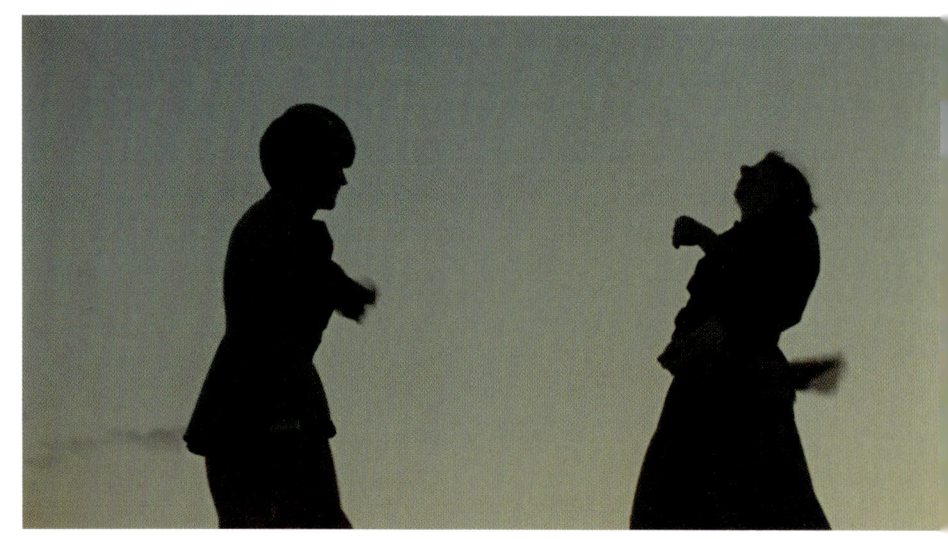

Bild 48 Wüstenlandschaft

Die Sonne ist nun verschwunden, der Mond ist am Himmel zu sehen. SISI und IRMA gehen ziellos weiter durch die Einöde.

IRMA ist verwirrt.

> IRMA Sag mal, waren wir nicht genau hier vorhin schon mal?

> SISI *(spricht wattiert)* Ich kann es Dir nicht sagen. Es ist wirklich sehr merkwürdig.

SISI dreht sich unsicher im Kreis.

> SISI Ich weiß irgendwie nicht mehr, wo hinten und wo vorne ist.

IRMA Also, hier ist hinten …

SISI Wo?

IRMA Und da ist vorne.

IRMA bricht in glucksendes Gelächter aus.

SISI Was ist daran so komisch? Das verstehe ich nicht. Hä? Was ist daran so komisch?

IRMA kann kaum sprechen vor Lachen.

IRMA Ich habe mir gerade etwas ganz außergewöhnlich Komisches vorgestellt.

SISI Oh ja? Was denn?

IRMA Und jetzt weiß ich nicht mal mehr, was es war …

IRMA bekommt einen weiteren Lachanfall. SISI hält IRMA einen Finger hin.

SISI Hier, zieh mal.

IRMA zieht an SISIS Finger. SISI rülpst. Beide brechen in paralysierendes, unglaubliches Gelächter aus.

IRMA Ha ha ha ha!

SISI Ha ha ha ha!

IRMA Was würdest Du jetzt am Liebsten essen?

SISI Mimosenglacé.

IRMA *(kichert)* Natürlich, Ich habe so unbändigen Hunger. Ich könnte ein ganzes Faß Pfannkuchen essen. Mit Konfitüre und Honig … gleichzeitig.

Lachen, Innehalten.

IRMA Du. Ich hab das Gefühl, diese geheime Medizin … Diese geheime Medizin, die macht nicht nur sehr durstig, sondern die macht auch noch viel hungriger als sonst.

SISI Du meinst, sie macht dick?

IRMA Ja.

Beide brechen wieder vor Lachen zusammen.

Bild 49 Wüstenlandschaft

Eine Weile später, das Tageslicht ist ganz verschwunden. IRMA und SISI liegen zusammen auf dem Rücken und sehen hinauf zu den Sternen.

IRMA Meinst Du, ich sehe die Welt mit den richtigen Augen? Also richtig herum?

SISI Was?

IRMA Also was wäre, wenn unsere Welt, also all das hier, wenn das deren Himmel wäre?

SISI Wessen Himmel?

IRMA Na, die Engelwesen. Wenn die Engelwesen glauben würden, wir seien ihre Götter.

SISI kann IRMA nicht ganz folgen.

SISI Fühlst Du Dich auch manchmal so klein? Unter diesem riesigen Firmament?

IRMA Seitdem ich Dich kenne nicht mehr.

SISI Das ist das ganze Geheimnis.

IRMA Ja.

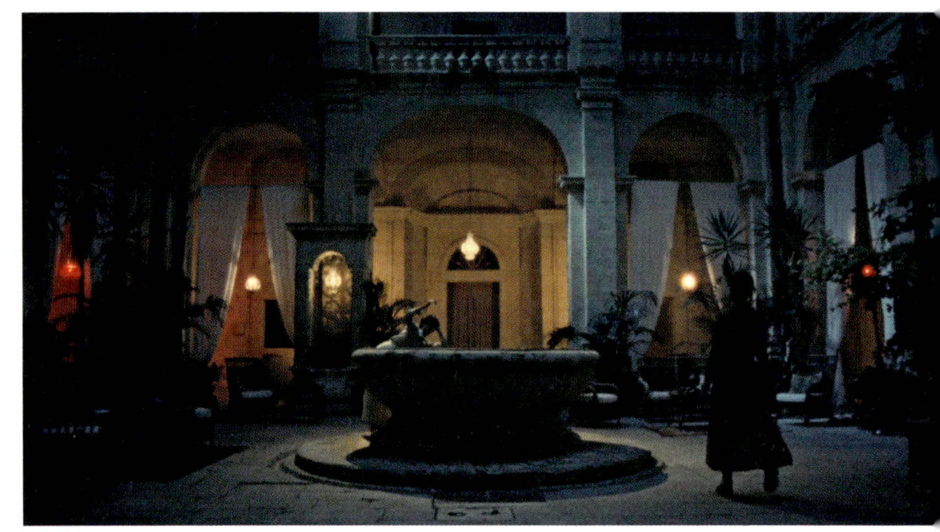

Bild 50 Hotel Splendide Algier

FRITZI wartet im Innenhof des Hotels auf SISI. Sie spielt mit der Hand im Wasser des Springbrunnens.

Es nähern sich die glucksenden, kichernden Stimmen von SISI und IRMA.

FRITZI Hallo.

SISI und IRMA *(ahmen Fritzi nach)* Ach, hallo …

SISI und IRMA prusten los vor Lachen. FRITZI beobachtet sie eifersüchtig.

Ein HOTELDIENER nähert sich mit einem Telegramm auf einem Silberteller. Er verneigt sich.

HOTELDIENER Permettez-moi de vous presenter cette lettre, Votre Altesse Impériale.

SISI verneigt sich vor ihm. IRMA kichert weiter unkontrolliert.

SISI Merci. Franz Joseph.

IRMA Oooh! Hahaha!

SISI Meine liebe Elisabeth. Ich vermisse Dich. Und möchte Dich bald treffen. In Bad Kissingen.

IRMA Ach so. Haha. Vielleicht ist seine Schauspielerin ja krank …

SISI Untersteh Dich.

IRMA Pardon, Elisabeth. Aber Du willst doch nicht nach Bayern.

SISI Was weißt Du schon. Fritzi, laß meine Koffer packen.

Das Geräusch eines ratternden Zuges, dazu die Spiegelung einer Modelleisenbahn im Wasser des Brunnens.

Bild 51 Bahnhof Bad Kissingen

Auf dem Bahnhof großer Aufruhr. SCHAULUSTIGE erwarten die Kaiserin, schwenken Blumensträuße, rufen freudig.

SCHAULUSTIGE Kaiserliche Hoheit!

BERZEVICZY schiebt sich durch die jubelnde Menge, zu SISI hin.

BERZEVICZY Verzeihung, Verzeihung.

FRITZI in einer schwarzen Robe der Kaiserin und mit einem schwarzen Schleier vor dem Gesicht als SISI verkleidet vor dem Bahnhofsgebäude. Einige FRAUEN, von WACHEN abgeschirmt, werfen Blumen Richtung FRITZI.

FRITZI empfängt Blumen von einem kleinen Kind.

BERZEVICZY Eure Hoheit.

FRITZI Ich hab schrecklichen Hunger, Berzewitzi.

BERZEVICZY Das ist ja ein einziges Irrenhaus. Wo ist sie denn jetzt schon wieder?

FRITZI Die ist vom Zug gefallen, zusammen mit Irma.

BERZEVICZY ist entgeistert.

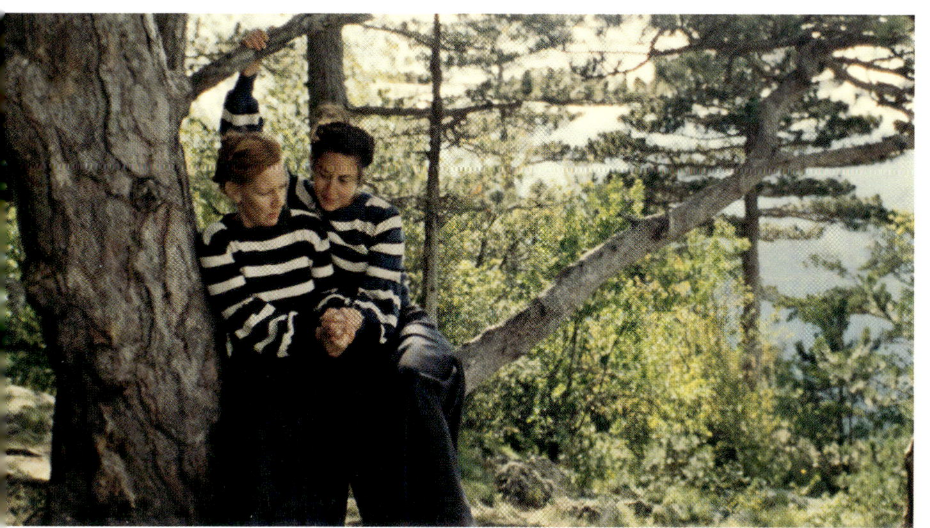

Bild 52 In den Alpen

SISI und IRMA in Wanderstiefeln und identischen gestreiften Strickpullovern, beide laufen leicht humpelnd die Felsen hinauf und erreichen eine Lichtung. Sie sehen etwas ramponiert aus, ihre Gesichter sind schmutzig, und Zweige und Blätter hängen an ihren Kleidern.

IRMA So eine Idiotie. Ich verzeih Dir immer alles, aber daß Du mich aus dem fahrenden Zug wirfst …

SISI geht leicht vor der wütenden IRMA und dreht sich dann um. Aus IRMAS Nase rinnt etwas Blut.

SISI Du hast da was.

IRMA wischt sich an der Nase und starrt das Blut an ihren Fingern an.

SISI Ziehst.

IRMA Was?

SISI Ich habe Dich gezogen, nicht geworfen.

IRMA Du hättest uns umbringen können.

SISI Hab ich aber nicht.

Sie gehen weiter.

IRMA setzt sich auf einen Baum.

IRMA Was soll das eigentlich? Immer mußt Du mich auf Deine blöden Proben stellen. Für was denn?

SISI setzt sich zu ihr und faßt ihr freundschaftlich an die Nase. IRMA schüttelt sie genervt ab.

SISI Jetzt sei doch nicht so ungnädig, Irma.

IRMA Was? Ungnädig? Ich? Ich bin die Allerallergnädigste mit Dir.

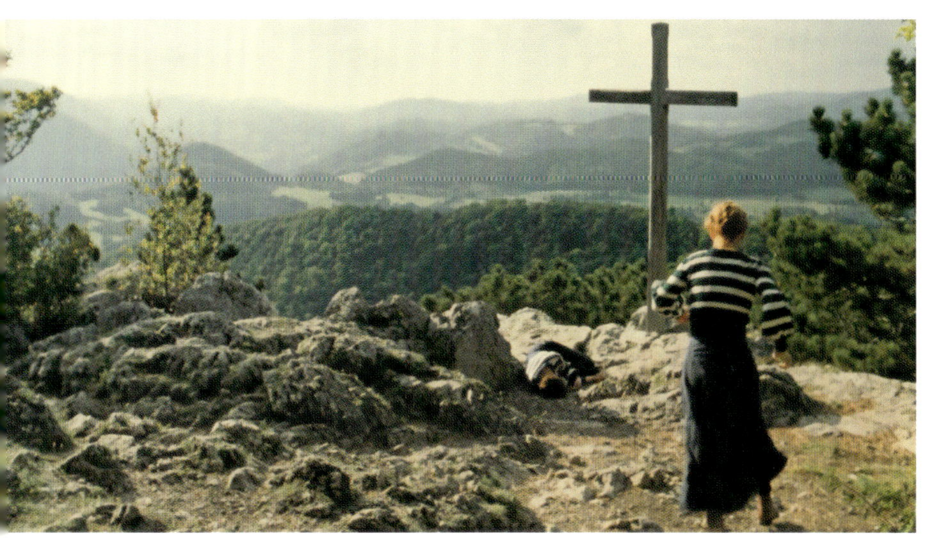

Bild 53 Gipfelkreuz

IRMA steht am Gipfelkreuz und schaut in die Ferne. SISI nähert sich von hinten.

SISI Jetzt lach doch mal.

IRMA Weißt Du was? Mir reicht's jetzt. Ich kündige.

SISI lächelt IRMA an.

SISI Ich mag Dich gern, wenn Du so bist.

IRMA Aber ich mag Dich nicht mehr.

SISI Dann bleibst Du jetzt bei mir, ohne mich zu mögen.

IRMA Nein.

IRMA läßt sie stehen.

SISI Dann halte ich jetzt eben die Luft an, bis ich tot bin.

IRMA dreht sich zu SISI um. Diese hält die Luft an.

IRMA Ja, genau.

IRMA geht weiter. SISI läuft rotblau an.

IRMA Blöde Kuh. Ich hab wirklich keine Lust mehr …

IRMA schaut verstohlen über ihre Schulter, sieht, wie SISI zu Boden fällt. IRMA bleibt kurz händeringend stehen, dann rennt sie zu SISI und kniet sich hin. Sie schüttelt SISI.

IRMA Elisabeth! Elisabeth! Wach auf!

SISI öffnet langsam die Augen und lächelt unschuldig.

SISI Ich hab ein weißes Licht gesehen.

IRMA Du spinnst wirklich.

Musik: Death A La Carte / Would-Be-Goods

Bild 54 Wandelhalle Bad Kissingen

Musik: Death A La Carte / Would-Be-Goods

BERZEVICZY und FRITZI eilen zu SISI und IRMA, die in ihren gestreiften Wanderkostümen Heilwasser aus der Quelle trinken.

BERZEVICZY Elisabeth!

SISI Keine Zeit!

SISI versucht zu flüchten.

BERZEVICZY Ich habe schon sehr mit Fritzi schimpfen müssen.

SISI läuft um die Heilquelle herum. BERZEVICZY, IRMA, FRITZI und MARIE hinterher.

FRITZI Aber wirklich. Sehr.

BERZEVICZY Ich habe mir schreckliche Sorgen gemacht.

SISI Du hast wohl Angst um Deinen Hals, den Dir der Kaiser morgen schon umdrehen wird. – Fritzi. Marie. Päonien. Rosa. Weiß. Fünfhundert Stück.

Alle sind im Bann des plötzlichen Tatendrangs. MARIE und FRITZI verbeugen sich und rennen los.

SISI *(ruft ihnen hinterher)* Tausend!

BERZEVICZY kommt kaum noch mit.

SISI Berzeviczy! Tafelspitz.

Bild 55 Empfangshalle des Hotels

Musik: Death A La Carte / Would-Be-Goods

SISI rauscht ins Hotelfoyer, BERZEVICZY und IRMA hinterher.

SISI … Schwarzer Karpfen. Rindssuppe.

BERZEVICZY Seit Stunden in Arbeit.

SISI Langusten. Éclairs au chocolat … Irma?

Es herrscht allgemeines Gewusel, HOTELANGESTELLTE tragen Koffer, Möbel und riesige Blumenvasen umher, und es wird klar, daß alle im Hotel an der bevorstehenden Ankunft des Kaisers arbeiten.

IRMA Jawohl, Majestät?

SISI Sie laden unsere Gäste ein. All unsere Gäste. Alexandra von Dänemark, Alfred Edinburgh …

BERZEVICZY Die Liechtensteins, Nikolaus Romanow, Alex Hessen, Baronin Rothschild.

SISI Natürlich. Haben Sie das?

IRMA Mhm, ja.

SISI rauscht mit BERZEVICZY die Treppe nach oben. HOTELANGESTELLTE tragen Möbel die Treppe hinauf und wieder hinunter.

SISI Wunderbar! Das Klassische raus und das Ordinäre wieder hinein. Jetzt freue ich mich doch richtig auf Franzl.

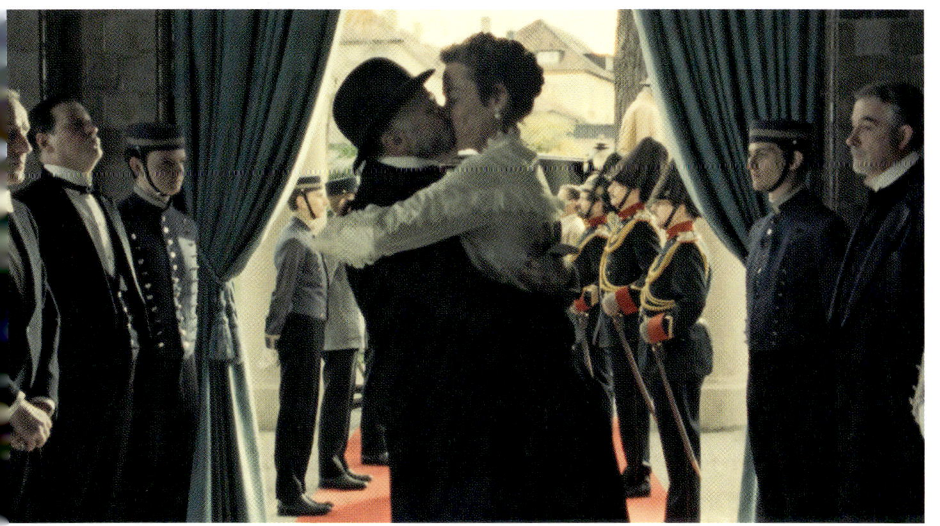

Bild 56 Wandelhalle

Musik: Death A La Carte / Would-Be-Goods

Eine Kutsche fährt vor. Es ist KAISER FRANZ JOSEPH. Links und rechts stehen die DIENER und WACHEN Spalier, unter ihnen MARIE, FRITZI, IRMA und BERZEVICZY.

FRANZ JOSEPH steigt ohne viel Umschweife aus, betritt die Hotelhalle. Er ist erstaunlich unscheinbar, trägt Hut und einen dunklen Reiseanzug und die berühmten Koteletten. SISI läuft auf ihn zu, sie umarmen und küssen sich stürmisch.

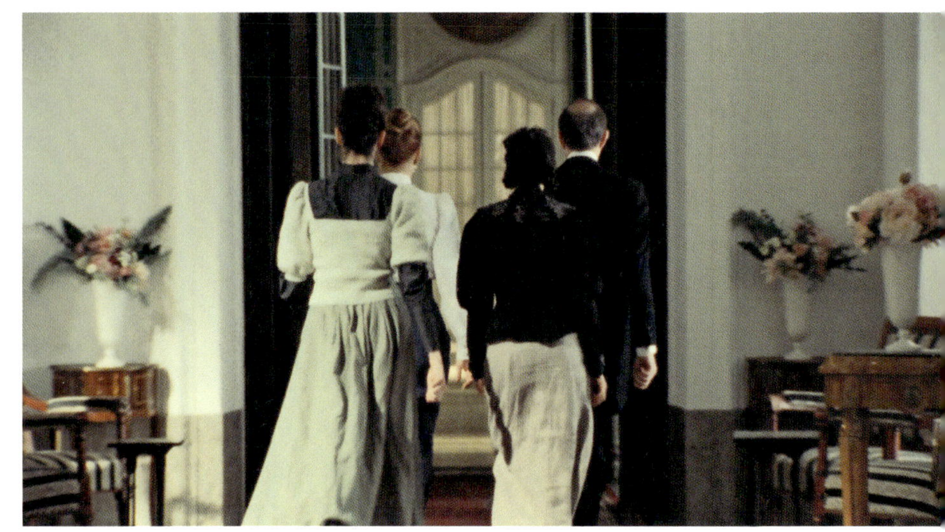

Bild 57 Grüner Saal und Empfangshalle des Hotels

Musik: Death A La Carte / Would-Be-Goods

Lange Kamerafahrt: SISI und FRANZ JOSEPH laufen miteinander, gefolgt von der Entourage.

SISI Ich hab alle Möbel für Dich austauschen lassen.

FRANZ JOSEPH Mein kleines Püppchen, immer in Bewegung.

SISI greift einen Strauß Päonien für Franz Joseph.

SISI Und die. Die hab ich eigens aus dem Wallis für Dich kommen lassen.

FRANZ JOSEPH Erzähl mal. Wie war Algier?

SISI Zum Glück ist es nicht so heiß, da halten sie länger.

FRANZ JOSEPH Liebes?

SISI Ach, Franz. Wie geht es eigentlich Deinem Fräulein Schratt? Sie schreibt immer so nett. Ich habe sie in Diätfragen beraten. Macht es sich schon bemerkbar?

FRANZ JOSEPH Schön bist Du. Und aufgedreht wie immer.

Er bleibt stehen, zieht SISI zu sich heran.

FRANZ JOSEPH Beruhig Dich. Sonst bekommt Dein Mann einen Schwächeanfall.

SISI *(leise, gefährlich)* Hysterie ist ein männlicher Terminus für unbequeme Frauen.

SISI greift FRANZ JOSEPH am Arm und zieht ihn weiter.

SISI *(wieder ganz freundlich)* Ich freue mich doch so, Franzl. Irma?

IRMA Ja.

SISI Sie wissen, was zu tun ist?

IRMA Natürlich, Hoheit.

SISI Und Ihr?

IRMA, BERZEVICZY, MARIE und FRITZI verbeugen sich tief und marschieren davon.

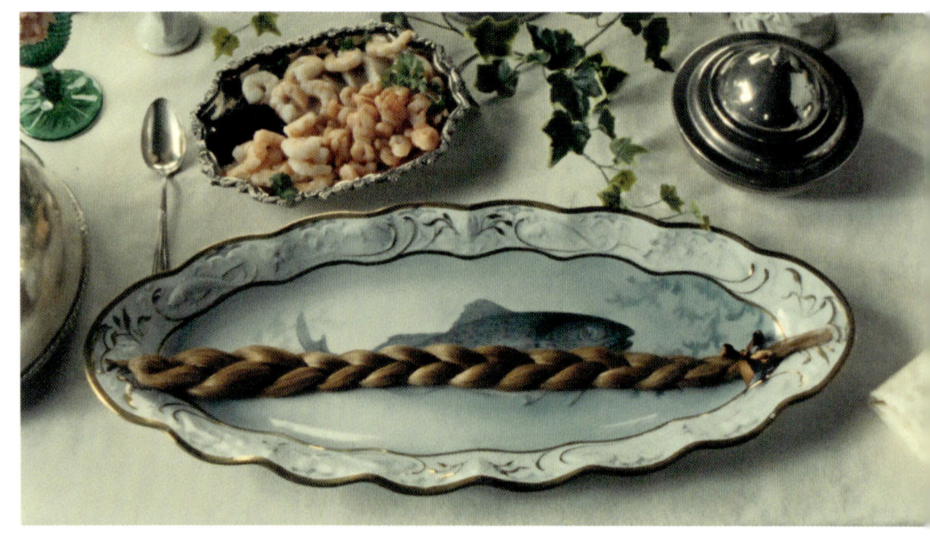

Bild 58 Grüner Saal

IRMA probiert von den Speisen, schmeckt hier und da ab. Ein KOCH bringt ihr zwei silberne Saucieren. Sie probiert von der ersten.

IRMA Salz.

Nun von der zweiten.

IRMA Und hier? Ja, das weiß ich jetzt auch nicht.

Der KOCH verschwindet. FRITZI nähert sich. Sie hält einen Haarzopf in den Händen.

FRITZI Ich muß mich sofort an Deine Frisur machen.

IRMA An meine Haare? Seit wann denn das? Das kommt überhaupt nicht in Frage.

FRITZI Sie will, daß Du am Dinner teilnimmst.

Der KOCH bringt weitere Saucen zum Vorkosten.

IRMA Ja, natürlich. Mhm. Gut.

FRITZI Du verstehst nicht. Anstatt der Kaiserin. Als Tischdame des Kaisers.

IRMA Was?

FRITZI Ja.

IRMA Das will ich aber nicht.

FRITZI Das habe ich ihr auch gesagt, aber versuch Du mal, der Kaiserin was auszureden.

FRITZI hält IRMA probeweise den Haarzopf an den Hinterkopf. Schließlich bleibt der Zopf auf einem großen Serviertelle liegen. Ein Trommelwirbel erklingt.

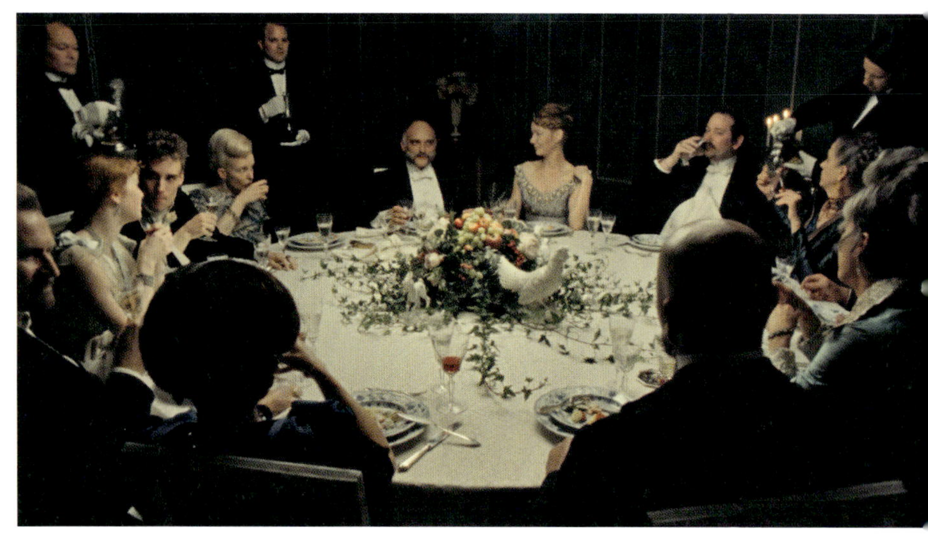

Bild 59 Grüner Saal

Es ist Nacht. DIENER tragen Torten, Früchte, Austern und einen riesigen gefüllten Fisch in den von Kerzen erleuchteten Saal.

FRANZ JOSEPH (O.S.) Das ist kein Brotaufstrich, das ist Eselscheiße.

Die Tischgesellschaft brüllt vor Lachen.

Ein großer runder Tisch. Der gesamte europäische Hochadel ist anwesend und scheint sich köstlich zu amüsieren. DIENER schenken permanent Champagner ein, es wird wenig gegessen, sondern eigentlich nur getrunken und der neueste Klatsch und Tratsch ausgetauscht.

PRINZESSIN LIECHTENSTEIN gibt einen lauten Rülpser von sich.

PRINZESSIN LIECHTENSTEIN Ups.

Der ganze Tisch biegt sich vor Lachen.

FRANZ JOSEPH ... Und dann, mitten im finstersten Araberviertel, dort, wo der Hygienepunkt am allerniedrigsten hängt, ragt ein zehn bis fünfzehn Zentimeter großer Nagel mitten aus dem Staub ...

IRMA ... und die Kaiserin tritt mitten hinein.

Allgemeines Raunen. IRMA sieht umwerfend aus.

BARONIN ROTHSCHILD Zum Glück war es kein Skorpion.

PRINZESSIN LIECHTENSTEIN Hat sich das nicht sofort infiziert?

IRMA Ja, selbstverständlich. Es gab auf der Stelle eine kleine Blutvergiftung. Aber die Kaiserin hat sich Sekunden später den Nagel selbst aus der Fußsohle gezogen.

BARONIN ROTHSCHILD Mit bloßen Händen?

IRMA Ja. In der ganzen Medina lag das kaiserliche Blut.

FRANZ JOSEPH Meine Sisi hat schon als Kind im wilden Bayernland lieber mit Schlangen gespielt als mit Puppen.

Allgemeines Gelächter.

IRMA Haha. Das kann ich mir gut vorstellen.

NIKOLAUS ROMANOW Man könnte sagen, das tut sie auch heute noch.

IRMA Haben Sie mir gerade zugezwinkert?

NIKOLAUS ROMANOW Nein. Aber jetzt.

Er zwinkert ihr zu.

IRMA Ihre Augen erinnern mich an die schwarze Madonna von Tschenstochau.

NIKOLAUS ROMANOW Wer so eine hübsche Nase hat wie Sie, Gräfin, der darf mir alles sagen.

PRINZESSIN LIECHTENSTEIN Also, ich kann ja gar kein Blut mehr sehen seit Königgrätz. Gräfin, sagen Sie mal, wurde Ihnen nicht übel?

IRMA Ja, natürlich, ein wenig.

FRANZ JOSEPH Ich hätte Ihnen gerne beigestanden.

IRMA Eure Hoheit, das hat noch kein Mann für mich getan.

FRANZ JOSEPH Warum das denn nicht?

IRMA Ja, vielleicht sind meine Augen nicht schön genug.

NIKOLAUS ROMANOW Poussieren Sie doch lieber mit mir.

IRMA Ich poussiere nicht. Ich bin nur sehr freundlich zu jemandem, der freundlich zu mir ist.

FRANZ JOSEPH Ich sehe, meine liebreizende Gattin hat ihre Handschrift bei Ihnen bereits hinterlassen, Irma. Und Ihre Augen sind *doch* schön.

IRMA freut sich über das Kompliment, ist aber auch irritiert über den intimen Ton des Kaisers.

IRMA Danke.

BARONIN ROTHSCHILD tritt hinter IRMAS Stuhl.

BARONIN ROTHSCHILD Kommen Sie, meine Liebe. Hier wird es auf einmal sehr warm.

Die BARONIN und IRMA gehen zusammen nach draußen.

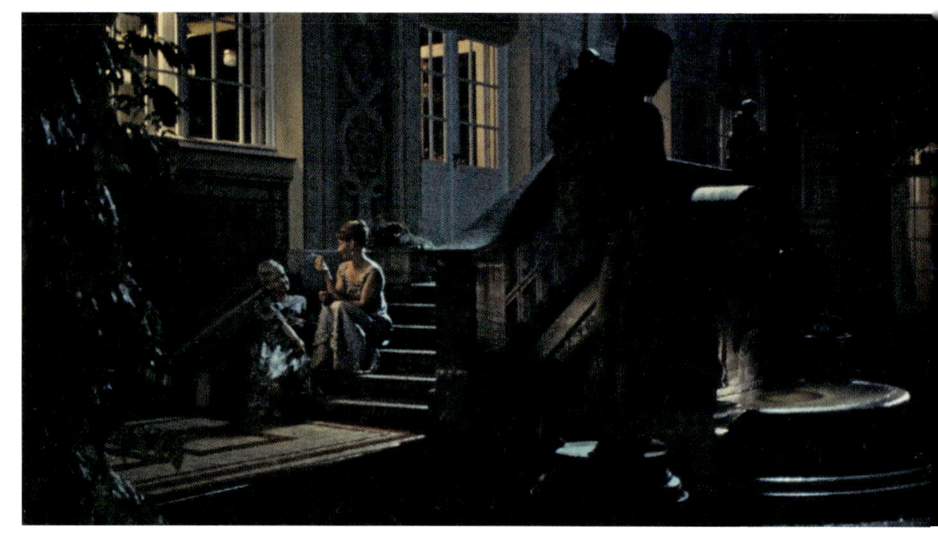

Bild 60 Hotelterrasse

IRMA und BARONIN ROTHSCHILD sitzen auf den Stufen der Terrasse in der lauen Nachtluft, während durch die offenen Fenster die Geräusche der hysterischen Gesellschaft dringen. IRMA zieht unbeholfen an einer Zigarette.

BARONIN ROTHSCHILD Sie rauchen wie ein Kind.

IRMA Wie meinen Sie das?

BARONIN ROTHSCHILD Sie haben sich in einen flauschigen Mantel der Unschuld gehüllt.

IRMA *(lacht)* Ach, ja?

BARONIN ROTHSCHILD Ja. Ich durchschaue Sie. Eine Wölfin im Schafspelz.

IRMA Na ja, wohl eher eine Maus im Schildkrötenpanzer.

BARONIN ROTHSCHILD Eine Maus?

BARONIN ROTHSCHILD lacht auf, kommt IRMA sehr nahe.

BARONIN ROTHSCHILD *(lacht)* Eine grün-weiß karierte Maus im Schildkrötenpanzer.

IRMA Sehr ungewöhnliche Schildkröten kennen Sie aber.

BARONIN ROTHSCHILD Und noch viel ungewöhnlichere Mäuse.

Sie kommen sich noch näher. In diesem Augenblick tritt FRANZ JOSEPH auf die Terrasse.

FRANZ JOSEPH Einen schönen Abend noch, meine Lieben. Ich verabschiede mich hiermit.

IRMA Und ich entschuldige mich ebenfalls.

IRMA geht mit FRANZ JOSEPH hinein. Die BARONIN ROTHSCHILD drückt ihre Zigarette enttäuscht an der Mauer aus.

Bild 61 Vor dem kaiserlichen Hotelzimmer

IRMA und FRANZ JOSEPH gehen nebeneinanderher.

FRANZ JOSEPH Ich habe die Kaiserin lange nicht mehr so fröhlich gesehen wie vorhin.

IRMA Wirklich?

FRANZ JOSEPH Ja. Und ich glaube, das liegt ganz an Ihnen.

IRMA und FRANZ JOSEPH stehen nun vor der Hotelzimmertür. Der KAISER klopft an und öffnet die Tür. SISI in Nachtrobe.

SISI Franz! Ich hoffe, Du hast Dich nicht allzu sehr gelangweilt. Es war wirklich trist ohne Dich.

FRANZ JOSEPH Sie wollte Dir noch gute Nacht sagen.

SISI würdigt IRMA kaum eines Blickes.

SISI Gute Nacht, Irmchen.

Sie nimmt FRANZ JOSEPH am Arm, sieht ihn mit großen Augen an und zieht ihn ins Zimmer, als wäre IRMA nicht vorhanden.

SISI Du glaubst gar nicht, Franzl, was ich soeben dachte. Weißt Du noch, damals, in Nizza? Als wir in dem Gewitter stecken geblieben sind? Und Du sagtest …

Musik: Baby Alive / Nina Hynes

IRMA zieht die Tür von draußen hinter sich zu.

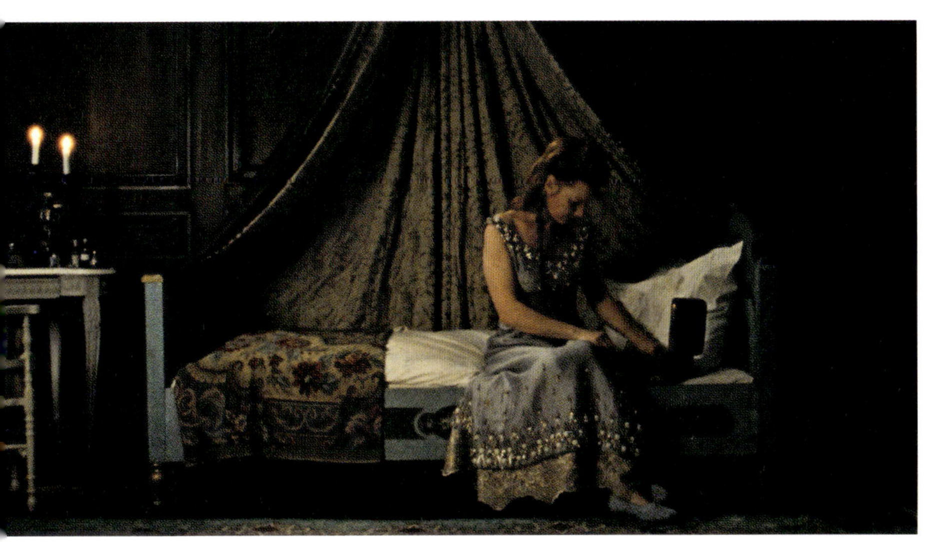

Bild 62 Irmas Hotelzimmer

Musik: Baby Alive / Nina Hynes

IRMA im Mondlicht in ihrem Hotelzimmer. Sie trägt noch ihr Abendkleid, hat aber den Zopf gelöst. Niedergeschlagen und eifersüchtig holt sie das Kästchen mit ihren Sisi-Devotionalien hervor. Traurig sieht sie sich das Freundschaftsamulett aus Algerien an.

Dann greift sie nach dem Knäuel aus Sisis Haaren und betrachtet es zärtlich. Sie rollt es zwischen ihren Handflächen zu einer Kugel und drückt dieses dann an ihr Herz, als wäre es die Kaiserin selbst.

Sie ißt das Haarknäuel langsam und unter Tränen auf.

Bild 63 Irmas Hotelzimmer

IRMA liegt schlafend im Bett. Von draußen durchs offene Fenster das Geräusch eines schreienden Nachtvogels. IRMA wacht auf, erschrocken.

SISI (O.S.) Aua!

Bild 64 Kaiserliches Hotelzimmer

Kerzenlicht. FRANZ JOSEPH liegt mit SISI im Bett und drückt grob ihren Rücken weg. Er hat die Tätowierung entdeckt: V + E.

FRANZ JOSEPH Was? Vranz? Vranz? Ich schreib mich doch gar nicht mit V!

SISI Du tust mir weh, Franz!

Bild 65 Irmas Hotelzimmer

IRMA erhebt sich vom Bett, durchs offene Fenster lauschend.

FRANZ JOSEPH (O.S.) Ich kenne überhaupt keine Menschen mit V. Königin Victoria und … und … Viktor!

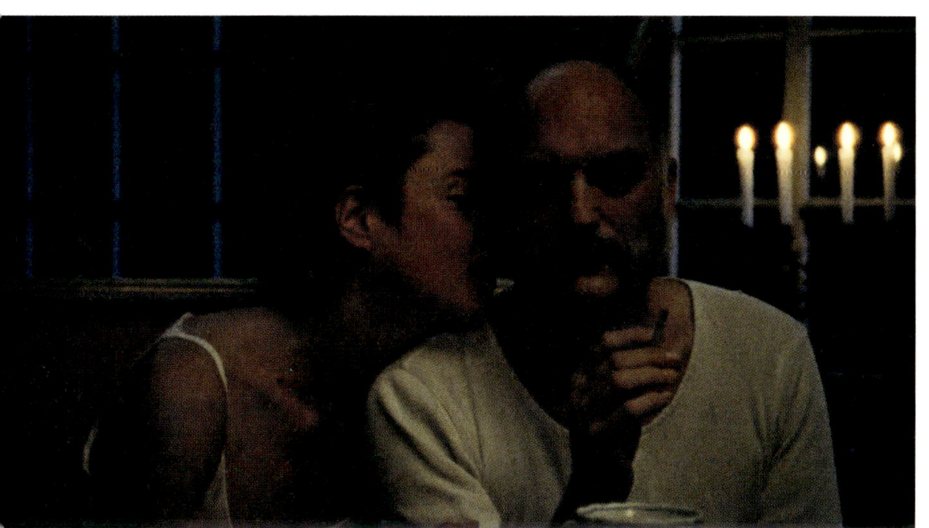

Bild 66 Kaiserliches Hotelzimmer

SISI und FRANZ JOSEPH nach wie vor nebeneinander im Bett.

SISI Wir waren betrunken. Viktor war sehr betrunken.

FRANZ JOSEPH erhebt sich und läuft auf und ab.

FRANZ JOSEPH Ich habe Dir den Bau Deiner griechischen Posse finanziert, dann habe ich Dich weiß Gott wohin reisen lassen, ohne einen Mann an Deiner Seite, worüber sich alle das Maul zerreißen, alles, alles, alle …

SISI Es ist mit uns durchgegangen …

FRANZ JOSEPH Ich bring ihn um. Ich bring ihn einfach um.

SISI steht vom Bett auf.

SISI Aber das ist doch ganz klitzeklein. Das sieht doch keiner außer Dir, Franzl …

FRANZ JOSEPH … Nichts da mit Franzl, Franzl! Ich will, daß Du diese … diese … diese … Illustration da wegmachen läßt!

FRANZ JOSEPH schubst SISI.

SISI Dann mußt Du sie mir herausschneiden. Und ich hoffe, daß ich dabei verblute.

FRANZ JOSEPH Heul doch ein bißchen.

SISI zündet sich eine Zigarette an. FRANZ JOSEPH setzt sich zu ihr.

FRANZ JOSEPH Du bist doch keine Dirne.

FRANZ JOSEPH zündet sich ebenfalls eine an.

SISI Es war vielleicht ein Fehler.

FRANZ JOSEPH Fehler, Fehler. Deine Fehler stehen mir bis hier. Alle Welt lacht über mich.

Er holt tief Luft.

FRANZ JOSEPH Ich bin furchtbar allein.

Er ist den Tränen nahe. SISI lehnt sich an seine Schulter.

SISI Aber Du hast das Fräulein Schratt.

FRANZ JOSEPH Das ist doch nur eine Schauspielerin. Die liebe ich doch nicht.

SISI Dafür hast Du ihr aber eine ganze Menge schöner Diamanten gekauft.

FRANZ JOSEPH Die ich viel lieber Dir geschenkt hätte, wenn Du da gewesen wärest!

FRANZ JOSEPH beginnt, SISI zärtlich zu küssen, seitlich am Hals.

SISI Bitte, Franzl, laß das. Ich kann das jetzt nicht haben.

FRANZ JOSEPH steht erbost auf.

FRANZ JOSEPH Ich habe keine Frau. Nicht in meinem Bett und nicht in der Öffentlichkeit.

FRANZ JOSEPH beginnt zu weinen und zu schluchzen.

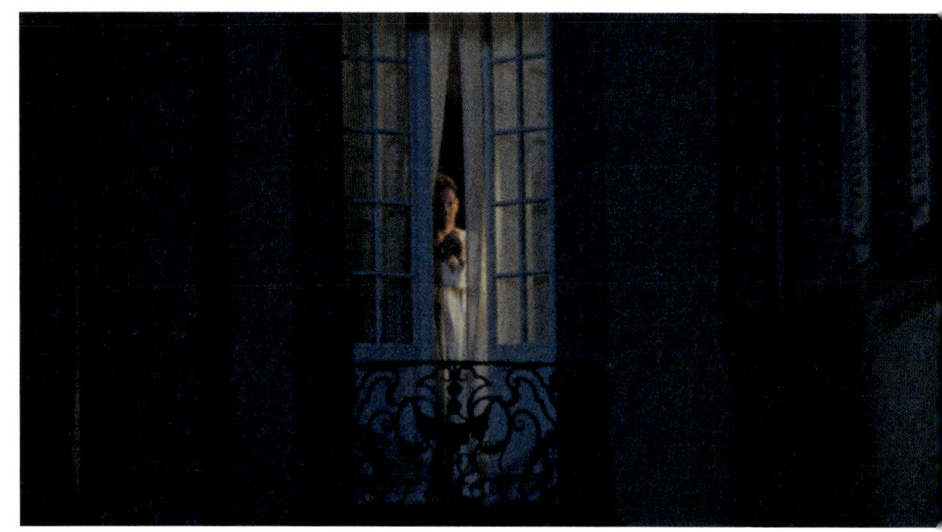

Bild 67 Hotelzimmer außen vom Garten

FRANZ JOSEPHS Weinen klingt laut hinaus in die Nacht. Aus der Ferne zu sehen: IRMA an ihrem Hotelzimmerfenster. Sie hört, was im kaiserlichen Hotelzimmer nebenan geschieht.

IRMAS Gesicht am Fenster.

FRANZ JOSEPH (O. S.) Du und Viktor, ihr habt mich entmannt.

Bild 68 Kaiserliches Hotelzimmer

FRANZ JOSEPH geht im Zimmer auf und ab, nunmehr entschlossen.

FRANZ JOSEPH Aber es reicht mir jetzt. Du wirst mitkommen. Nach Budapest.

SISI Franz! Das geht nicht! Das geht nicht!

FRANZ JOSEPH An meiner Seite wirst Du sein. Und das ist das Ende der Diskussion.

FRANZ JOSEPH zieht sich das Nachthemd über den Kopf.

Bild 69 Irmas Hotelzimmer

IRMA, immer noch am Fenster.

SISI (O.S.) Ich kann es nicht.

FRANZ JOSEPH (O.S.) Du wirst. Es reicht jetzt. Du kommst mit nach Ungarn.

IRMA hört, wie FRANZ JOSEPH erneut grob zu SISI wird.

SISI (O.S.) Au! Franz, hör auf! Bitte!

IRMA liegt im Bett, sie kann hören wie FRANZ JOSEPH SISI vergewaltigt. IRMA zieht sich die Bettdecke über die Ohren, um FRANZ JOSEPHS Stöhnen und Grunzen nicht hören zu müssen.

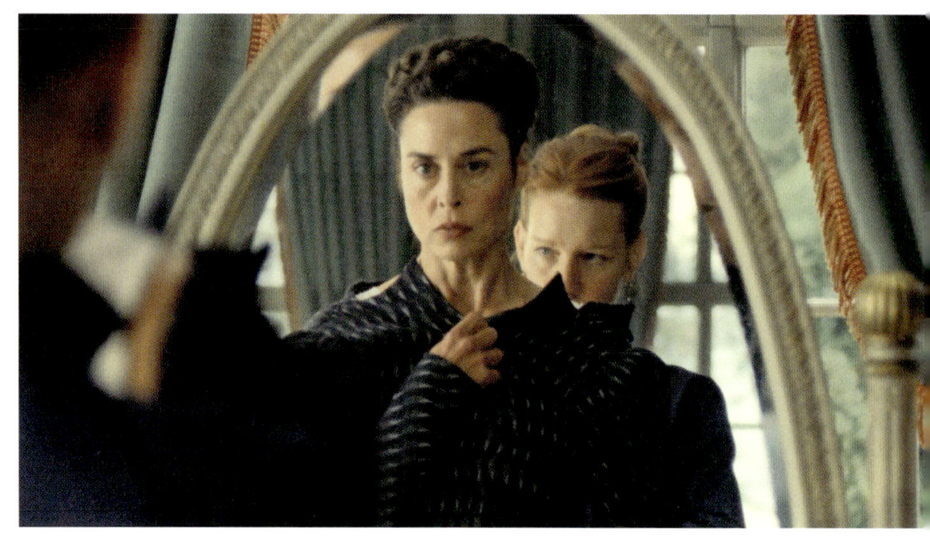

Bild 70 Kaiserliches Hotelzimmer

SISI sitzt bleich vor dem Spiegel auf einem Stuhl, halb angezogen, mit geöffnetem Korsett. Sie sieht sehr dünnhäutig und zerbrechlich aus. IRMA kommt herein.

IRMA Guten Morgen, guten Morgen.

SISI ist wie erstarrt und antwortet nicht.

IRMA Darf ich?

Keine Reaktion. IRMA geht zu SISI und greift ihr zärtlich unter die Arme. Sie hilft der Kaiserin auf, richtet ihr das Kleid, beginnt dann der apathischen SISI vor dem Spiegel das Korsett zu schnüren.

IRMA Möchtest Du heute vielleicht schwimmen gehen?

SISI schüttelt langsam und mechanisch den Kopf.

SISI *(leise, beinahe flüsternd)* Nein, danke …

IRMA Ich muß Dir ja noch von gestern Abend erzählen. Es war recht lustig. Besonders Baronin Rothschild war explizit …

SISI deutet IRMA an, zu schweigen.

SISI Der Schlimmstfall ist eingetroffen.

IRMA Na, so schlimm kann es doch nicht sein.

SISI Doch! Noch viel schrecklicher als schlimm.

BERZEVICZY kommt mit einem Tablett herein.

SISI Raus!

BERZEVICZY Aber Sie sollten unbedingt etwas trinken …

Er schenkt SISI eine Tasse Tee ein.

SISI Raus! Für immer! Mir reicht's mit Euch!

BERZEVICZY Ich komm dann nachher noch mal.

SISI Nachher sitzen Sie im Zug des Kaisers auf dem Weg nach Budapest. Adieu.

BERZEVICZY geht fassungslos Richtung Tür.

BERZEVICZY Rein. Raus. Rein. Raus.

SISI sieht IRMA im Spiegel an.

SISI Franz zwingt mich an den Hof zurück.

IRMA Nein.

SISI Es wird mich umbringen.

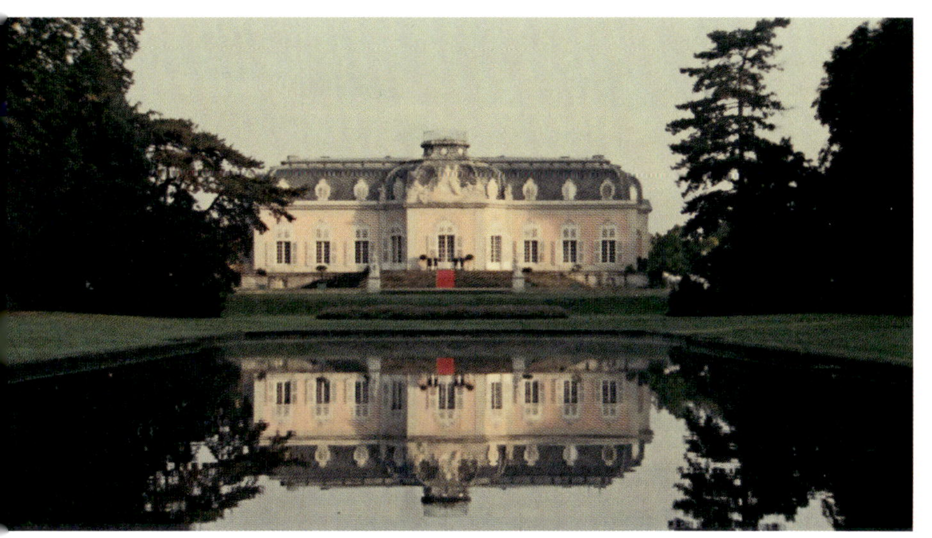

Bild 71 Vor dem ungarischen Schloss

Eine Kutsche fährt vor dem Schloss vor, und zwei Damen, MARIA GRÄFIN SZTÁRAY und die schon etwas betagte PRINZESSIN LUDOVIKA VON BAYERN – die beiden Mütter von IRMA und SISI, die in ihren Roben zwei schwarzen Krähen ähneln – steigen aus und laufen die Treppen hinauf.

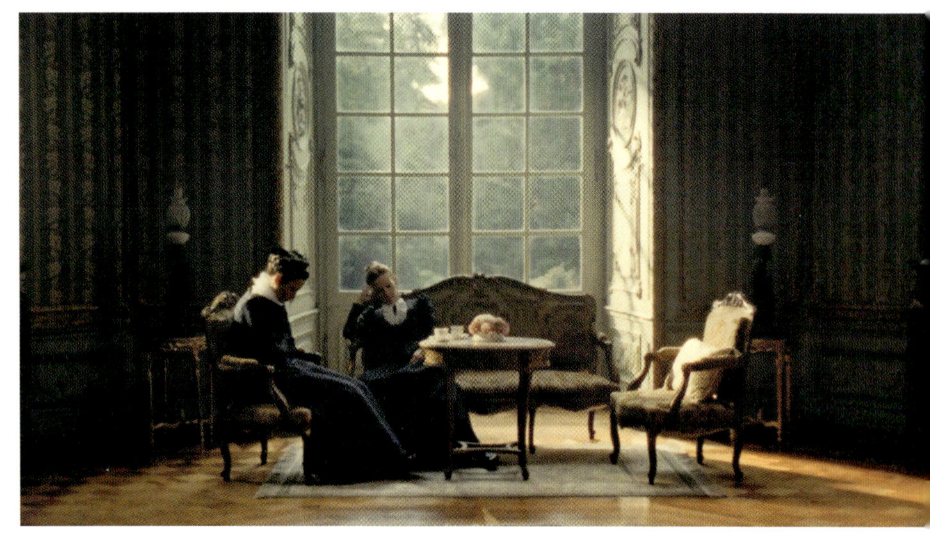

Bild 72 Salon Ungarn

SISI und IRMA trinken Tee, als MARIA und LUDOVIKA hereinrauschen. Die Töchter nehmen sofort Haltung an und stehen Spalier.

SISI und IRMA Mama!

IRMA verneigt sich vor LUDOVIKA.

IRMA Prinzessin Ludovika.

LUDOVIKA Ganz dürr bist Du geworden, Elisabeth. Ein Skelett.

MARIA Und Du erst, Irma. Kränklich.

LUDOVIKA Man kann Dich kaum noch sehen.

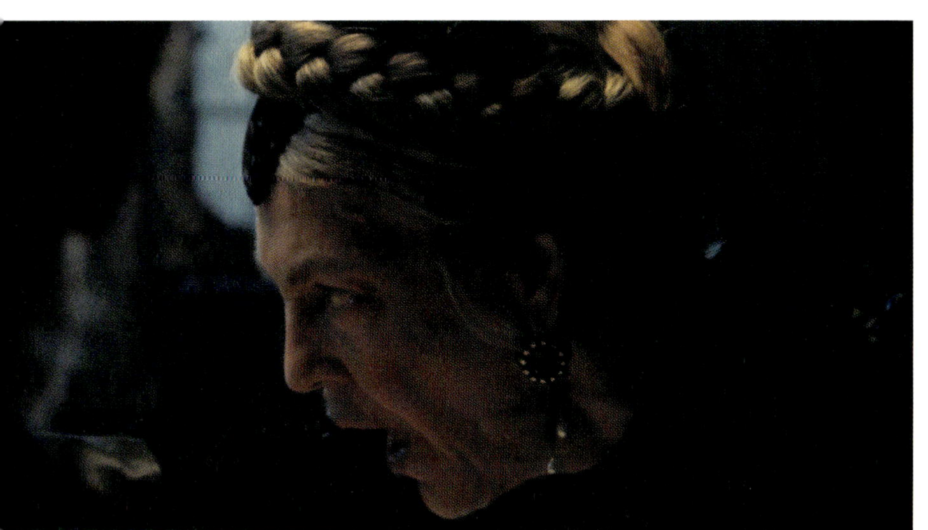

Bild 73 Speisezimmer Ungarn

SISI, IRMA, LUDOVIKA und MARIA sitzen um den runden Tisch und löffeln eine klare Suppe mit Klößen, wobei SISI die Klöße mit dem Löffel neben den Suppenteller legt und nur die wässrige Brühe ißt.

LUDOVIKA Mir tun alle Knochen weh.

MARIA Der Kutscher war wirklich sehr ruppig.

LUDOVIKA Die ungarischen Straßen sind in erbärmlichstem Zustand. Franzl sollte mal etwas unternehmen, Sisilein.

Betont laut schlürft sie ihre Suppe.

LUDOVIKA Wir bekommen noch was deftigeres serviert als diese Brühe? Kein Wunder, daß Du aussiehst wie ein Gerippe.

MARIA Ich war letztes Jahr bei Marie-Louise von Bourbon-Parma eingeladen, zum Souper, da gab es tatsächlich Salat aus altem Brot. Dabei heißt es doch, die Italiener wissen zu leben. So ein Geiz.

IRMA Mama!

LUDOVIKA Sisi, ich hatte gedacht, es gäbe einen Gulasch.

Die DIENERSCHAFT trägt Gulasch mit Knödeln auf.

LUDOVIKA Danke. Dafür kommt man doch den weiten Weg nach Ungarn, nicht wahr? Für Gulasch.

SISI Ich dachte, Du seist wegen mir gekommen, nicht wegen des Gulaschs.

LUDOVIKA Na, so wie es aussieht, gerade im richtigen Moment. Du brauchst jetzt Deine Mutter. Jetzt iß.

LUDOVIKA füllt einen Teller randvoll mit Fleisch, Knödeln und Sauce und reicht ihn Sisi.

LUDOVIKA Iß, Sisi.

SISI stellt den Teller vor sich hin.

MARIA Greif zu, Irma.

IRMA beginnt zu essen.

LUDOVIKA Ich wollte immer, daß etwas wird aus meiner Tochter: am besten eine Kaiserin.

SISI Wunderbar, ja …

MARIA Alle Mütter wünschen sich nur das Beste für ihre Töchter.

MARIA und LUDOVIKA schauen sich gegenseitig an. IRMAS und SISIS Blicke kreuzen sich ebenfalls. LUDOVIKA stopft das Gulasch in sich hinein, hörbar schmatzend.

LUDOVIKA Sisi. Nun mach mir doch den Gefallen … mach mir doch die Freude, bitte.

LUDOVIKA nimmt die Gabel, spießt ein Stückchen Gulaschfleisch darauf und hält sie SISI, über den Tisch reichend, vor das Gesicht.

LUDOVIKA Iß.

SISI starrt darauf, dann läßt sie es sich in den Mund schieben und kaut langsam auf dem knorpeligen Fleisch herum.

LUDOVIKA Na siehst Du. Es geht doch.

SISI steckt sich nun langsam einen weiteren Bissen in den Mund, wobei sie ihre Mutter unverwandt anstarrt. Dann einen weiteren und weiteren. Sie stopft nun unanständig große Mengen Gulasch in sich hinein.

Bild 74 Badezimmer Ungarn

IRMA und SISI sind gemeinsam im Badezimmer, beide die Zeigefinger in den Hals gesteckt, über den Waschtisch gebeugt. Sie übergeben sich und sehen sich dabei an. Es ist ein Moment der absoluten Intimität.

Bild 75 Sisis Gemächer Ungarn

SISI steht mit offenen, zerzausten Haaren, wild gestikulierend und schreiend in ihrem rosafarbenen ungarischen Zimmer. In ihrer Hand hält sie eine goldene Nähschere, schneidet sich Büschelweise Haare ab. IRMA und FRITZI kommen angerannt.

SISI Ich schneid sie mir alle ab!

FRITZI Sisi! Nicht!

SISI Du sollst mich nicht anfassen, Du. Geh weg, Du blöde kleine … Ich schneid sie mir ab!

FRITZI Jetzt beruhig Dich doch, Elisabeth!

SISI Geh weg ...!

Im Handgemenge sticht SISI mit der Schere IRMA in die Hand.

IRMA Ahhh ...!

Es blutet stark. SISI steht schwer atmend da und starrt wie gebannt auf das Blut, das von IRMAS Hand tropft. FRITZI eilt IRMA mit einem Tuch zu Hilfe und verbindet sie. SISI starrt IRMA an.

IRMA Es wird alles wieder gut. Weil ich sage, daß es wieder gut wird.

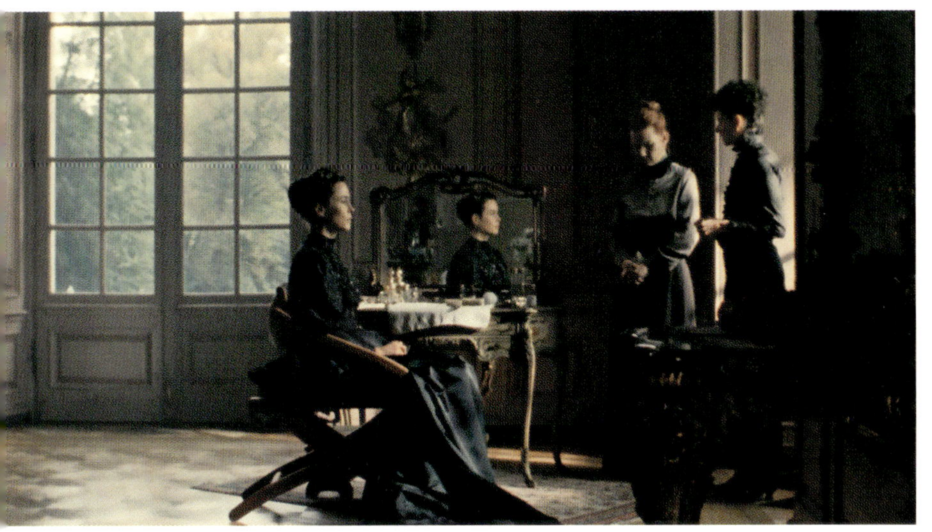

Bild 76 Sisis Gemächer Ungarn

SISI sitzt wie versteinert da in ihrem Stuhl. In der Ferne klingen Kirchenglocken. FRITZI und IRMA stehen am Fenster, IRMA untersucht ihre verletzte Handfläche.

SISI Fritzi … kannst Du nicht bitte, bitte für mich … einspringen …

FRITZI macht sich an SISIS Frisur.

FRITZI Ich … ich würde alles tun, was Du von mir verlangst, Kaiserin. Aber ich fürchte, es geht dieses Mal nicht.

KAISER FRANZ JOSEPH, in Festtagsuniform, kommt unbemerkt herein.

SISI Bitte, Du bist doch eine fantastisch gute Kaiserin. Niemand wird etwas bemerken …

FRANZ JOSEPH beugt sich zu SISI hin.

FRANZ JOSEPH Ich weiß, was Du planst.

Er greift sie am Nacken.

FRANZ JOSEPH Aber wir haben eine Abmachung.

SISI Ich habe so schreckliche Angst …

Er kniet sich neben sie.

FRANZ JOSEPH Angst haben wir alle. Aber Verpflichtungen auch.

SISI Es ist das letzte Mal.

FRANZ JOSEPH Ich weiß nicht, was Du meinst.

SISI Ich werde in diesem Leben nicht wieder an den Hof zurückkehren.

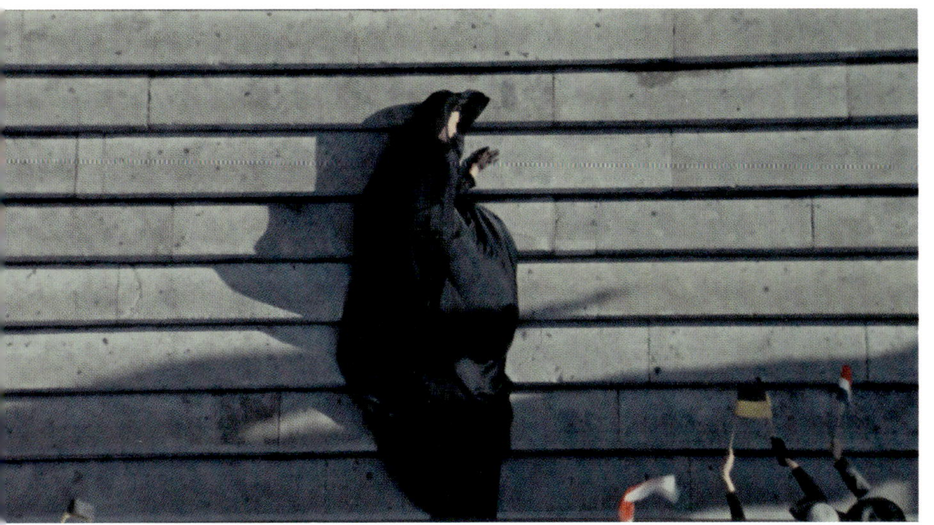

Bild 77 Vor der ungarischen Kathedrale

Bei dem letzten öffentlichen Auftritt ihres Lebens erscheint SISI als eine Statue in Schwarz. Schwarzes Kleid, schwarzer Schleier, schwarze Haarnadeln, schwarze Perlen, alles schwarz, nur ihr Gesicht, hinter dem Schleier versteckt, ist marmorweiß und unendlich traurig.

IRMAS und SISIS Hände sind ineinander verschlungen. Beide gehen zusammen zu den Treppen der Kathedrale, sind umgeben von einer jubelnden, aufdringlichen Menge, die sich zur Begrüßung des Kaiserpaares versammelt hat. FRANZ JOSEPH geht mit einigen Lakaien voraus.

Hände des Pöbels greifen nach SISI, es ist eine hysterische Stimmung, die Menschen wollen ihr Idol sehen, anfassen.

Die Menge wird immer hysterischer und SISI wird weiter gedrängt. Ihre Hand wird von der IRMAS getrennt.

SISI löst sich aus der Menge, die von Soldaten zurückgehalten wird, und steigt langsam die Treppe hinauf, die lange schwarze Schleppe ihres Kleides hinter sich herziehend.

Oben auf dem Treppenabsatz wartet FRANZ JOSEPH mit seinen Lakaien.

IRMA bleibt hilflos in der Meute zurück.

Plötzlich sackt SISI zusammen. Sie bleibt auf den Stufen liegen.

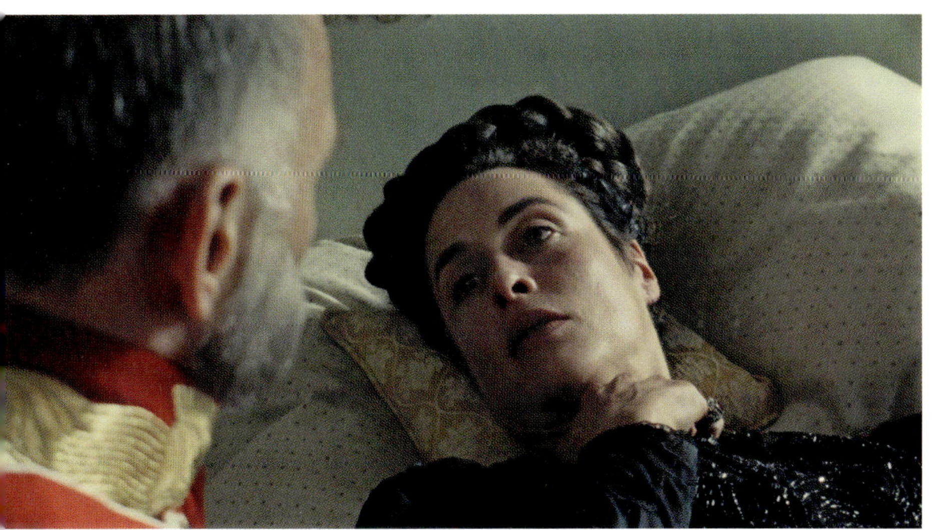

Bild 78 Sisis Gemächer Ungarn

Die ohnmächtige SISI wird von der DIENERSCHAFT hereingetragen, FRANZ JOSEPH und IRMA hinterher. Ein ARZT hält SISIS Hand, FRITZI eilt herbei, gefolgt von BERZEVICZY. SISI wird auf ihr Bett gelegt.

BERZEVICZY Vorsicht!

ARZT Wasser!

FRITZI bringt es rasch herbei, und der ARZT bespritzt die Kaiserin sanft mit den Fingerspitzen. SISI öffnet die Augen.

FRANZ JOSEPH drängelt sich durch die DIENERSCHAFT und kniet sich zu ihr hin.

SISI Und ich werde nie mehr mit Dir schlafen.

FRANZ JOSEPH Wie bitte?

SISI Du hast es selbst gesagt: Ich bin keine Dirne, sondern Kaiserin. Ich werde ab jetzt über alles bestimmen, auch meinen Körper. Und der wird nie wieder Dir gehören.

FRANZ JOSEPH schlägt SISI brutal ins Gesicht. IRMA geht dazwischen, stößt den Kaiser mit aller Kraft weg und fällt dabei zu Boden.

IRMA Du faßt meine Kaiserin nicht an!

BERZEVICZY und FRITZI eilen IRMA zu Hilfe. FRANZ JOSEPH stürmt keuchend hinaus.

IRMA kniet sich zu SISI. Sie nähert sich dem Ohr der Kaiserin und flüstert.

IRMA Ich hole Dich hier heraus. Noch heute Nacht.

FRITZI und BERZEVICZY werfen sich bedeutungsschwere Blicke zu.

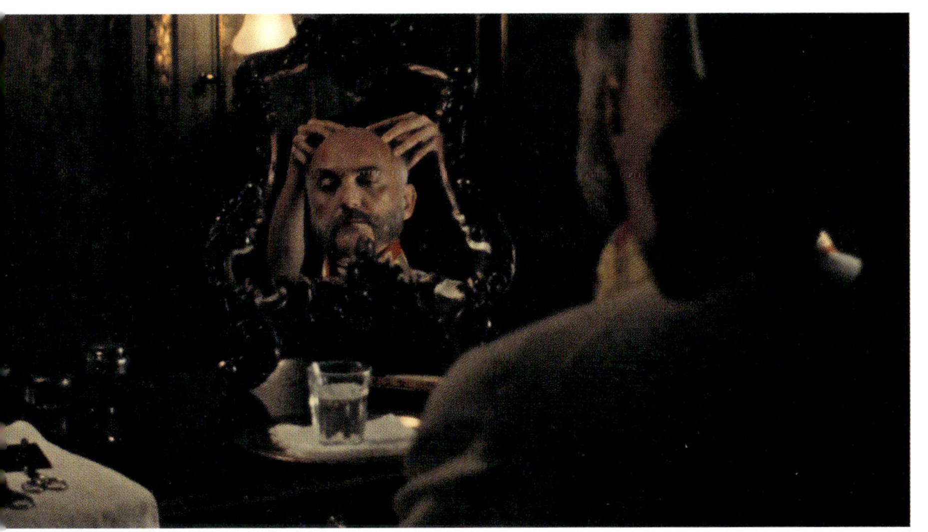

Bild 79 Kaiserliches Frisierzimmer Ungarn

BERZEVICZY schüttet eine Flüssigkeit aus einem Fläschchen in ein Glas Wasser. Auf dem Fläschchen steht *Rizinusöl.*

FRITZI ist dabei, FRANZ JOSEPH die Glatze zu massieren.

BERZEVICZY bringt das Gemisch auf einem Tablett dem Kaiser.

BERZEVICZY Sie sind sicherlich sehr durstig, Hoheit.

FRANZ JOSEPH trinkt das ganze Glas in einem Zug leer.

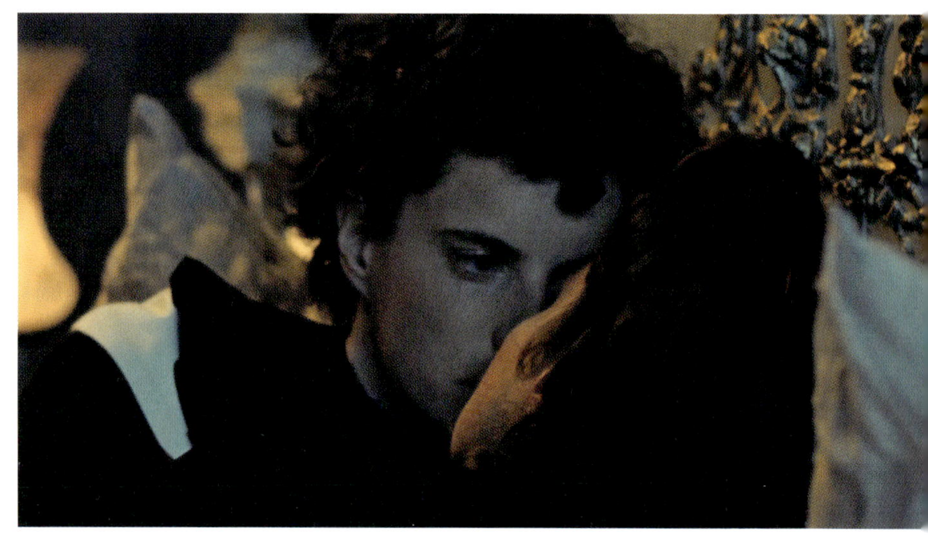

Bild 80 Sisis Gemächer Ungarn

SISI liegt im Nachtgewand im Bett. FRITZI legt sich zu ihr. Sie gießt der Kaiserin etwas Tee in eine Tasse.

FRITZI Leider haben wir keine Ziegenmilch. Aber … unseren Abführtee.

SISI lächelt sie an.

SISI Entschuldige. Ich habe Dich in letzter Zeit ganz übersehen.

FRITZI lächelt zurück, glücklich über diesen Moment, alleine mit der Kaiserin.

SISI Irma und ich gehen heute Nacht noch nach England.

FRITZI Aber … Und ich?

SISI Du kommst nicht mit.

FRITZI Bitte, nein …

SISI streichelt FRITZIS Gesicht.

SISI Fritzi. Du bist so jung. Und Du sollst frei sein. Ich habe Dir eine großzügige Apanage angeordnet. Ein ordentliches Stück Land in Galizien, das Dir gehören soll. Damit Du niemals heiraten mußt.

FRITZI Wirklich?

SISI Du wirst mich einfach vergessen, so wie ich viele vergessen habe.

FRITZI berührt SISIS Gesicht.

FRITZI Niemals.

SISI Keine Operette. Es gibt noch etwas, das Du für mich tun kannst.

SISI küßt FRITZI auf den Mund.

FRITZI Alles würde ich für Dich tun.

SISI Bitte bringe das hier dem Kaiser. Sogleich.

FRITZI öffnet das Kästchen, darin die mit Diamanten übersäte Brosche in Form einer Eidechse aus Algier. Im Deckel geheftet ein Zettel, auf dem steht *In ewiger Liebe. E.*

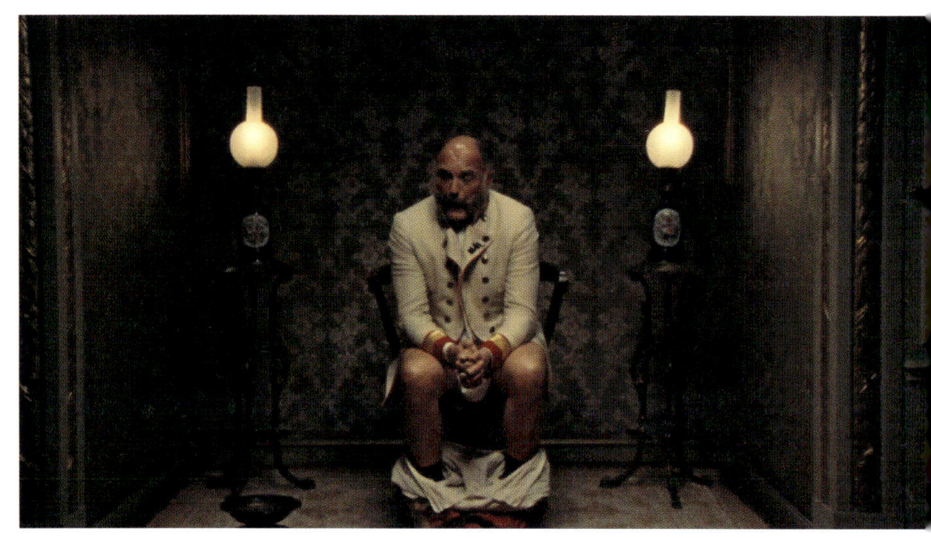

Bild 81 Kaiserliches Badezimmer Ungarn

Musik: Angel / Seagull Screaming Kiss Her Kiss Her

Das Geräusch des kaiserlichen Bauchgrimmens ist zu hören, das Rizinusöl tut seine Wirkung. FRANZ JOSEPH sitzt in Uniform mit heruntergelassener Hose stöhnend auf der Toilette, Schweißperlen auf der Stirn, laute Fäkalgeräusche allerorten. Die Kamera fährt auf ihn zu, und die Eidechsen-Brosche, die am Revers von FRANZ JOSEPH steckt, kommt ins Bild.

Bild 82 Ausritt in England

Musik: Angel / Seagull Screaming Kiss Her Kiss Her

IRMA und SISI beim Ausritt in England, beide in Männerkleidung. Sie reiten im Galopp und springen über eine Hecke, alles im Herrensattel. Sie lachen sich an, glücklich über den Rausch der Geschwindigkeit. Im Hintergrund das englische Herrenhaus von EARL SPENCER.

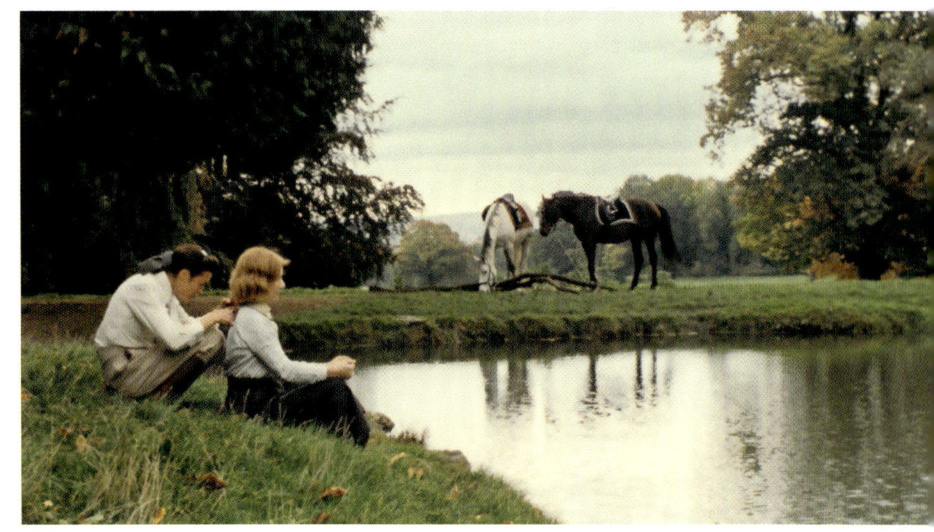

Bild 83 Englische Landschaft

Musik: Angel / Seagull Screaming Kiss Her Kiss Her

Close-up von IRMAS roten Haaren, die ins Gras fallen, das Schneiden einer Schere ist zu hören, und weitere Haare fallen ins Gras.

IRMA und SISI sitzen beim Weiher, die PFERDE grasen im Hintergrund. SISI schneidet IRMA die Haare kurz zum Bob.

SISI Ich beneide die Engländer.

IRMA spielt mit einem Grashalm.

SISI Sie haben die besseren Pferde, sie haben Indien. Afrika. Was haben wir? Triest.

IRMA Ich bin so glücklich, mit Dir allein zu sein.

SISI Ich wollte Dich um Verzeihung bitten.

IRMA Wofür denn?

SISI Daß ich Dich neulich mit der Schere gestochen habe.

IRMA Ach. Wer so eine entzückende Nase hat, der darf sich alles erlauben.

SISI schneidet weiter an den Haaren herum.

IRMA Ich möchte für immer hier in England bleiben, mit Dir.

SISI Die Vorstellung, daß bis zum Ende alles unklar bleiben wird, ist eigentlich sehr, sehr schön.

IRMA steht auf.

IRMA Bist Du fertig?

SISI Mhhmhm.

IRMA Na, wie seh ich aus?

SISI schaut an IRMA vorbei in die Ferne.

SISI Du siehst wunderbar aus.

IRMA beugt sich über den Weiher, um ihr Spiegelbild zu sehen.

IRMA Huch.

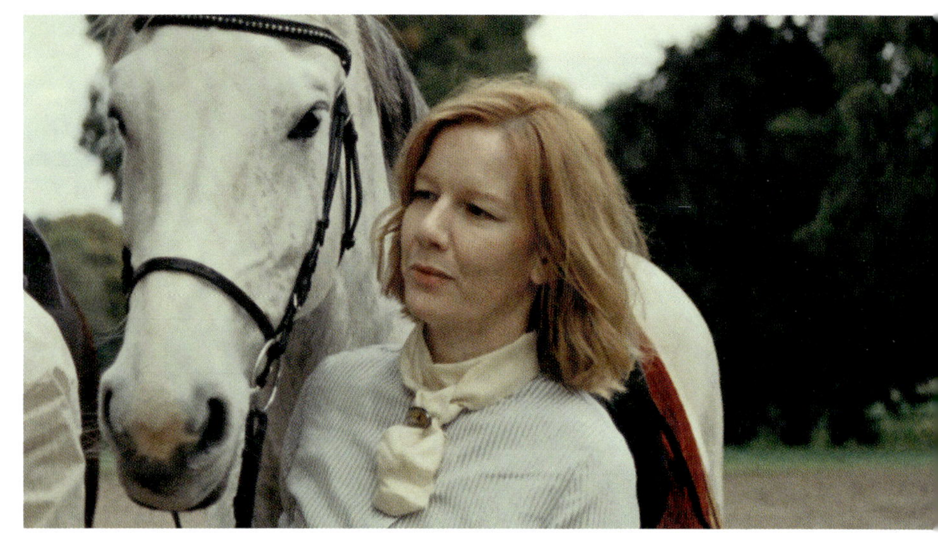

Bild 84 Vor dem Haus von Earl Spencer

SISI und IRMA *(nun mit kurzen Haaren)* reiten über die Brücke vor das Haus. STALLBURSCHEN wollen das Zaumzeug greifen. SISI reitet an ihnen vorbei.

SISI … Earl Spencer ist unerträglich pompös. Dafür, daß seine Vorfahren vor hundertfünfzig Jahren noch Bauern waren …

Sie reiten über den Kies auf das Haus zu, davor wartet EARL SPENCER auf sie.

EARL SPENCER Even in such interesting attire you ride with perfect grace, my old and dear friend.

EARL SPENCER kommt die Treppen herab.

SISI Spencer, in Hungary we women have been riding like this for thousands of years.

EARL SPENCER It does accentuate the thighs ... Elisa beth, Countess ...

SISI steigt vom Pferd, und IRMA tut es ihr nach.

SISI Chicken have thighs, women have loins. Would you know the difference?

EARL SPENCER What happened to your hair, Countess Irma? You resemble my stable boy.

IRMA We've heard so many wonderful things about your chicken farms here in England.

EARL SPENCER We spank our chickens when they misbehave.

IRMA In Hungary we just wring their necks.

EARL SPENCER Ha ha! Yes, of course.

Sie führen die Pferde zusammen Richtung Stallungen.

SISI Countess Irma is fond of your jokes.

EARL SPENCER Perhaps it is the Hungarian way. They are known to be quite violent.

IRMA Yes. We Hungarians are villains first and then funny comes a very distant second.

EARL SPENCER I knew we would be friends.

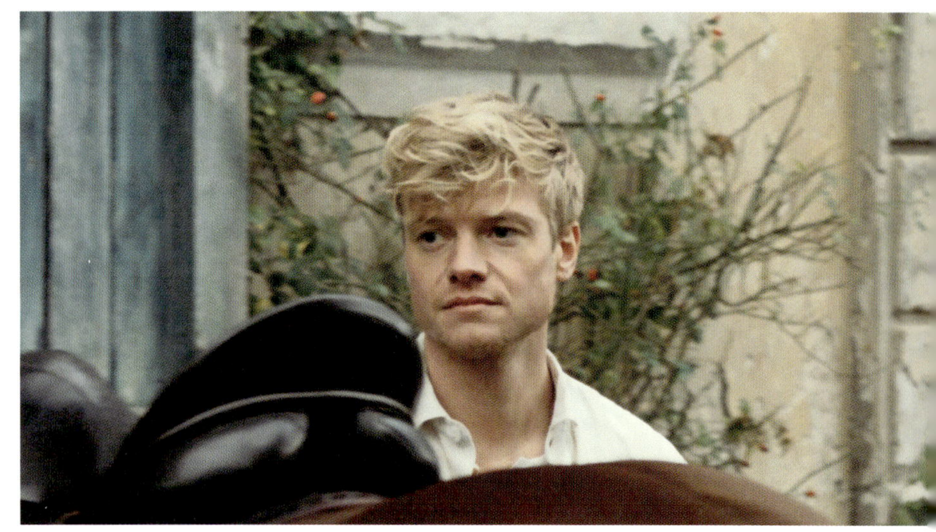

Bild 85 Stallungen Earl Spencer

Bei einem besonders schönen Wallach steht der junge Stallmeister SMYTHE und striegelt und spricht leise mit ihm. SMYTHE ist ein sehr gut aussehender Mann, der kurz aufsieht, als die Damen die Pferde bringen.

SISI And who might this be?

EARL SPENCER This is Captain Smythe, my equerry.

SISI I meant the horse, not the man.

SMYTHE Rustam. His name's Rustam.

SISI Rustam?

EARL SPENCER Persian or something. Smythe here knows nothing but horses. Bit of a brooder, he.

SMYTHE I'm of the opinion that horses are vastly superior to people, Sir.

EARL SPENCER Now, Smythe, I would like you to take her Imperial Majesty out for a ride tomorrow.

SMYTHE Beg pardon, Sir, I'd rather not.

EARL SPENCER Well, why the hell not?

IRMA Sisi, der Mann ist ja unmöglich. Komm, reite lieber mit mir.

SMYTHE I will gladly help with the preparations for the hunt, but I am not in the habit of giving horse riding lessons to women.

EARL SPENCER Damn you, Smythe. Others would have you whipped for insubordination.

IRMA If not just for plain rudeness.

SISI I do very much admire an arrogant and proud man.

SISI wirft SMYTHE einen Blick zu, nicht unbemerkt von IRMA.

Bild 86 Earl Spencers Salon

SISI, IRMA, EARL SPENCER und SMYTHE beim Kaminfeuer im großen Salon. Schwere Ledersessel. SISI raucht eine Zigarette, EARL SPENCER Zigarre.

EARL SPENCER What, may I ask, Elisabeth, is your view of Austria-Hungary's position on the Boer War?

SMYTHE geht zur Anrichte und schenkt Gläser ein.

SISI I find nothing more tedious than the assorted wars of men.

EARL SPENCER A wee dram?

SISI akzeptiert das angebotene Glas von SMYTHE und sieht ihm dabei tief in die Augen.

SISI Thank you. Irma?

IRMA No. Thank you.

EARL SPENCER But surely there are just and necessary wars?

SISI No, Sir, there are none. All wars waged by men are neither just nor particularly necessary.

IRMA Perhaps, Captain Smythe, you think differently?

SMYTHE hat keine Antwort.

SMYTHE If … you'll pardon me. I … I should like to see to the horses for the night. Empress, Countess …

SISI Look, Smythe. Don't give me a lesson, just ride out with me tomorrow.

SMYTHE All right. We will race. But don't expect me to wait for you.

SISI As long as you don't expect to win.

SPENCER bläst zufrieden den Rauch seiner Zigarre aus.

EARL SPENCER Competition. It has always moved me greatly.

SMYTHE It won't be much of a competition, Sir. Good night.

SMYTHE geht, und IRMA schaut ihm unverwandt nach.

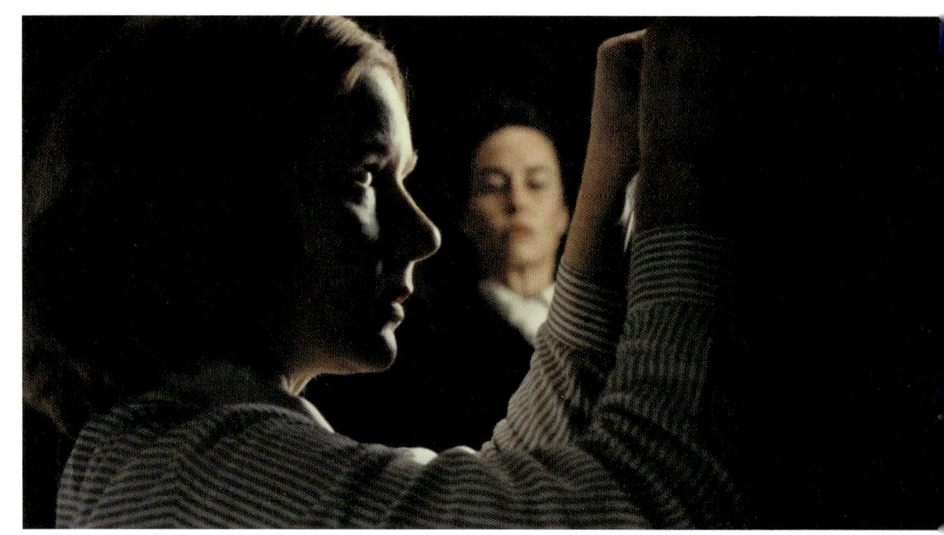

Bild 87 Sisis Schlafzimmer England

SISI läßt sich von IRMA vor dem Spiegel in ihr Reitkostüm einnähen.

SISI Mach es auch unter der Achsel enger.

IRMA Ich glaube kaum, daß da noch Platz ist.

SISI betrachtet sich kritisch im Spiegel.

SISI Ich sehe aus wie eine Melone.

IRMA Für meinen Geschmack siehst Du viel zu reizend aus.

SISI Mach's einfach noch enger.

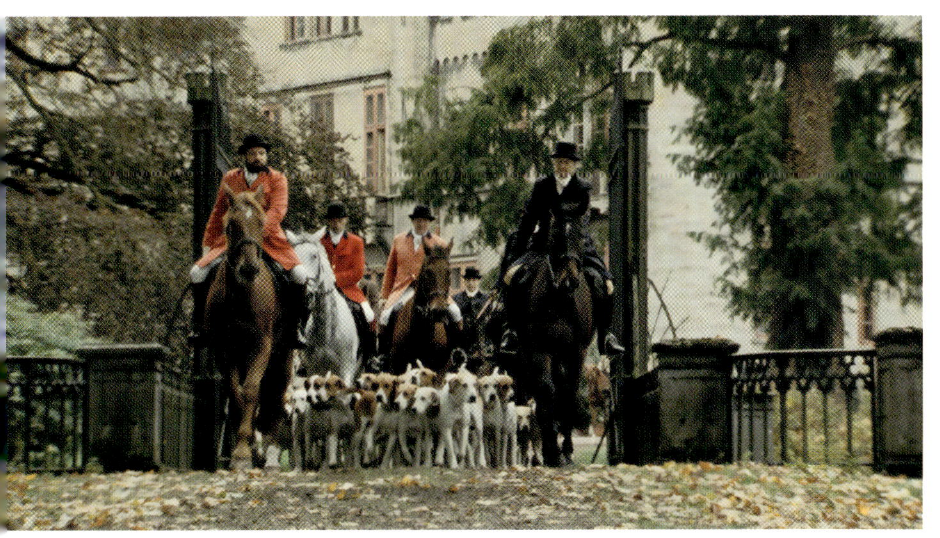

Bild 88 Vor Earl Spencers Haus

Musik: Festival of Kings from a Teenage Opera / The Mark Wirtz Orchestra & Chorus

Die Jagdgesellschaft trifft sich vor dem Haus, überall munter bellende, aufgeregte Hunde, Herren in roten und schwarzen Reitjacken sitzen auf ihren Pferden.

DIENER verteilen Getränke. SPENCER geht umher, schüttelt hier und da die Hand.

EARL SPENCER Hello, Jim. Good morning. How are you? How's your wife? Nice to see you.

Er sieht seine Nichte ATHENA.

ATHENA Thank you.

EARL SPENCER You must do it!

SISI, IRMA und SMYTHE sitzen auf ihren Pferden und trinken.

Das Jagdhorn erklingt.

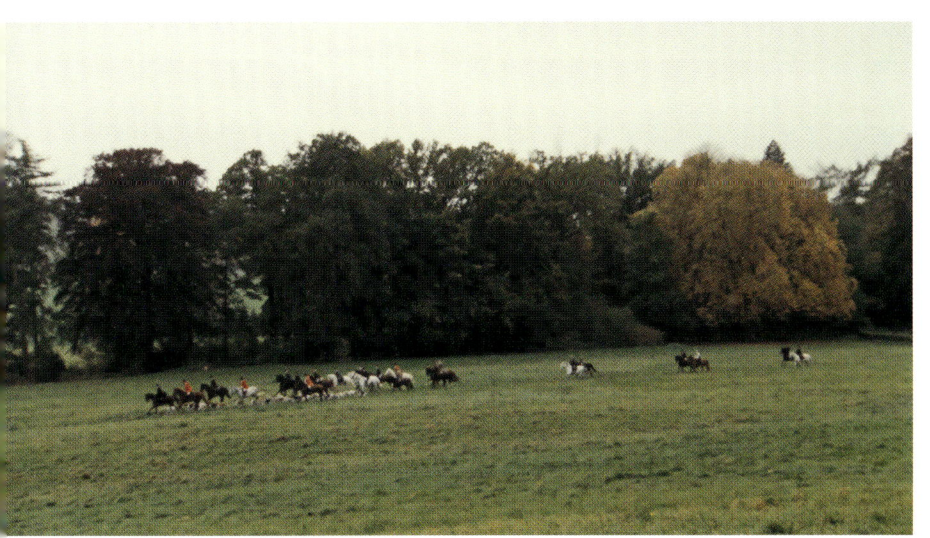

Bild 89 Earl Spencers Ländereien

Musik: Festival of Kings from a Teenage Opera / The Mark Wirtz Orchestra & Chorus

Die Jagdführer reiten mit den Hunden über die Brücke vor dem Haus. Dann wird die Hundemeute losgelassen, die Reiter reiten los, und die Jagd beginnt.

SISI und SMYTHE reiten hinterher, gefolgt von IRMA und SPENCER.

Bild 90 Earl Spencers Ländereien

Musik: Festival of Kings from a Teenage Opera / The Mark Wirtz Orchestra & Chorus

SISI und SMYTHE reiten nebeneinanderher, SISI im perfekt sitzenden Reitkostüm, SMYTHE in weißem, am Kragen offenen Hemd. Sie lächeln, traben zusammen hinter den Hunden her.

SMYTHE Empress? See that crested hill over there?

SISI Yes.

SMYTHE Last one to reach it is a rotten egg.

Die beiden trennen sich von der Jagdgesellschaft.

Bild 91 Earl Spencers Ländereien

IRMA und EARL SPENCER reiten nebeneinanderher.

EARL SPENCER I had never thought it was possible. Taming him.

IRMA I don't know what you're talking about.

IRMA schert aus der Jagd aus und reitet alleine, die Schultern hochgezogen, eifersüchtig und wütend.

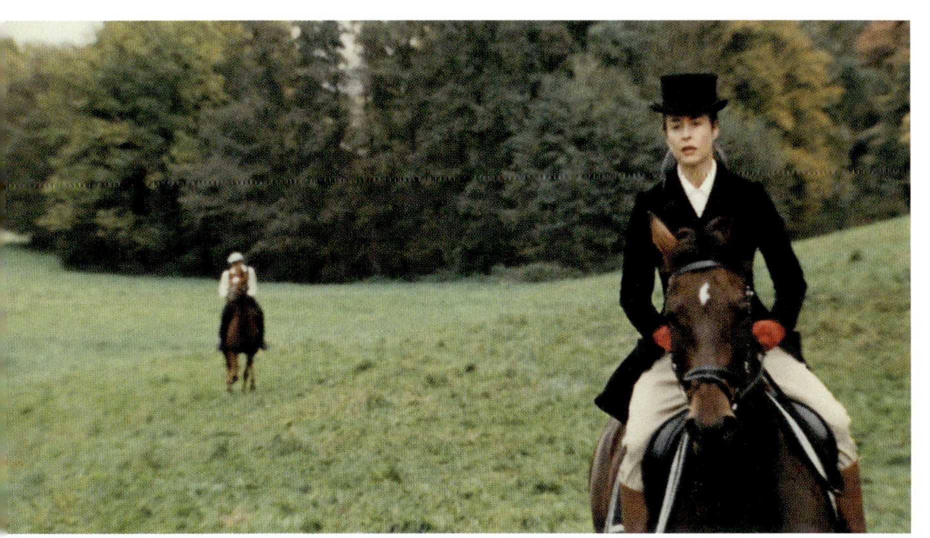

Bild 92 Earl Spencers Ländereien

Eine furiose Jagd entbrennt, bei der SISI erst immer eine Pferdelänge voraus ist, dann hängt sie SMYTHE ab. Sie erreicht das Ziel, die Hügelspitze, weit vor ihm. Sie hält das Pferd an. SMYTHE kommt im Galopp angeritten.

SISI You smell like a rotten egg, Captain. Shall we do it again? I'll race you back to the house.

Sie gibt ihrem Pferd die Sporen.

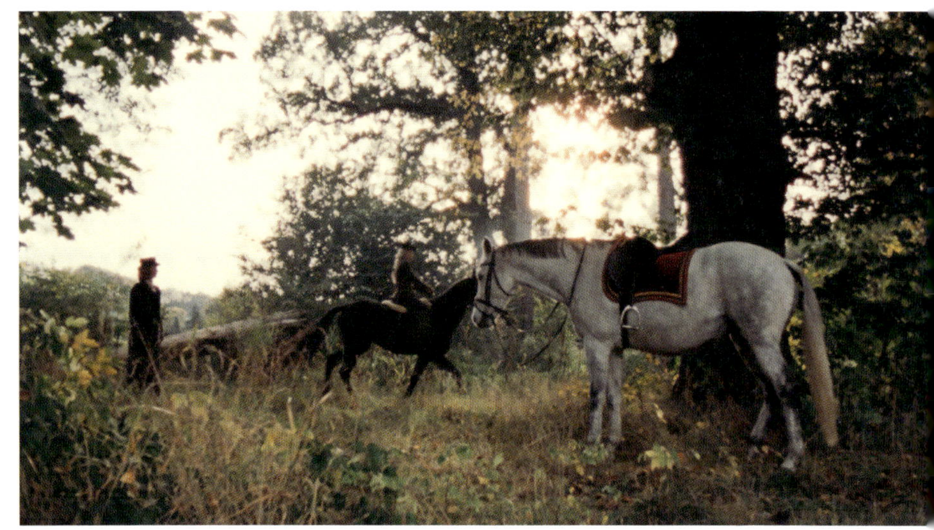

Bild 93 Im Wald von Earl Spencers Ländereien

IRMA trabt durch den Wald.

Auf einer Lichtung trifft sie auf ATHENA, ein kleines Mädchen, das offensichtlich vom Pferd gefallen ist und nun – ohne Erfolg – versucht, wieder aufzusteigen.

IRMA hält ihr Pferd an und springt ab.

IRMA May I help you?

ATHENA I'm alright.

IRMA hält das Pferd des Mädchens und will ihr Hilfestellung geben.

ATHENA I said: No, thank you.

IRMA I was just merely wanting to help.

ATHENA schwingt sich selbst in den Sattel.

ATHENA You frighten me. Please go away.

ATHENA reitet langsam an.

ATHENA You seem a very unhappy person.

Sie gibt ihrem Pferd die Sporen und läßt IRMA stehen.

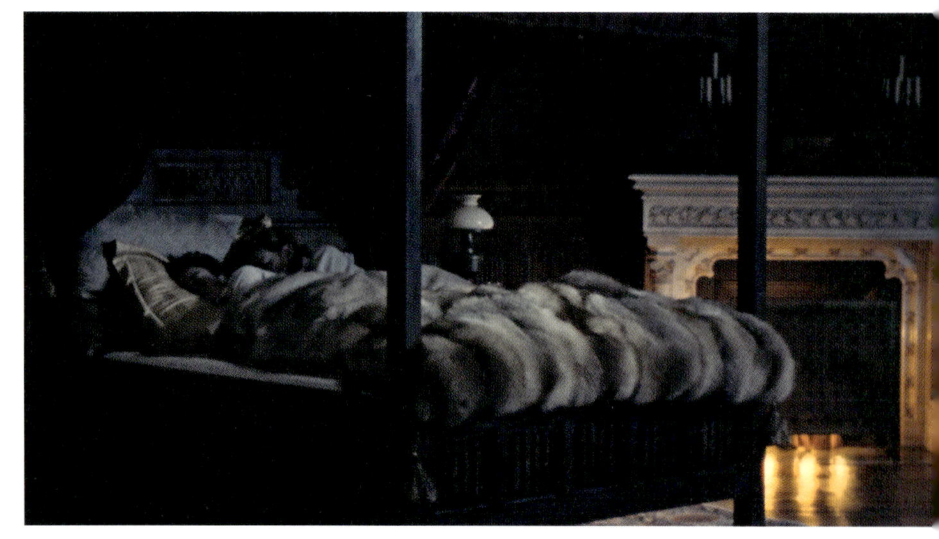

Bild 94 Sisis Schlafzimmer England

SISI und IRMA, beide im Nachthemd, in SISIS Schlafzimmer, liegen nebeneinander im Bett. IRMA versucht SISI zu umarmen. SISI schüttelt sie ab.

SISI Ach, ich kann so nicht schlafen. Du bist immer viel zu warm.

IRMA Aber was ist, wenn es heute Nacht ein Gewitter gibt? Ich dachte …

SISI … was immer Du auch dachtest, es war niemals so gemeint.

IRMA Was siehst Du nur in diesem aufgeblasenen Geck?

SISI Weißt Du, wie lange ich niemanden mehr geküßt habe?

IRMA Das ist mir ganz egal. Du sollst den Kaiser küssen und sonst niemanden.

SISI Geh in Dein Bett, Irma.

IRMA steht auf, um zu gehen, verletzt, enttäuscht, traurig.

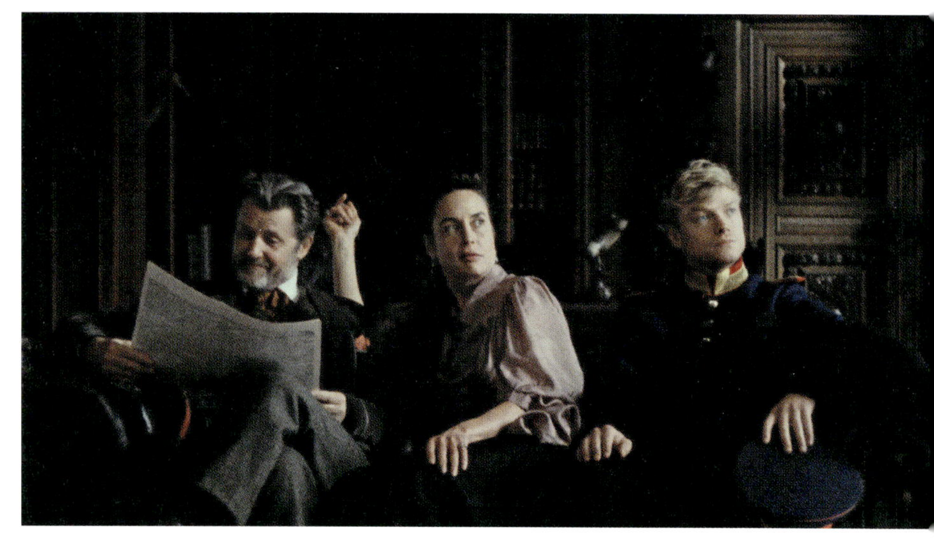

Bild 95 Earl Spencers Salon

SISI, SMYTHE und EARL SPENCER sitzen auf dem großen Sofa. EARL SPENCER liest die Zeitung. SMYTHE trägt die sehr gut sitzende Uniform eines englischen Kavalleriehauptmanns.

SISI This overweight, haughty woman. And dreadfully dull.

EARL SPENCER Well, the queen is fat.

IRMA kommt herein.

IRMA But you cannot refuse an invitation from her.

SISI Why should I care?

EARL SPENCER Because I would give anything to be invited. They are said to meet in forest glades or tents, sometimes in the nude.

SISI Oh?

IRMA sieht, wie SMYTHE SISIS Knie berührt und wie diese zärtlich nach seiner Hand greift.

EARL SPENCER Indeed. Plus you'll be able to meet that curious Bengali doctor. Meditation, whatnot. He is at Osborne House to help Victoria address her issues with weight.

SISI Aha. Now that is interesting.

EARL SPENCER Precisely. And since you are interested in diets and such, and I am extremely interested in hearing what is going on over there, I think you should go.

SISI How fun. Very well.

IRMA Also. Gehen wir.

SISI Ja. You, Smythe, will come with me.

Ein DIENER hilft SISI in den Mantel.

SISI Und Du kannst Dich hier von mir etwas ausruhen.

SISI und SMYTHE verlassen gut gelaunt das Haus, und IRMA bleibt stehen, abserviert.

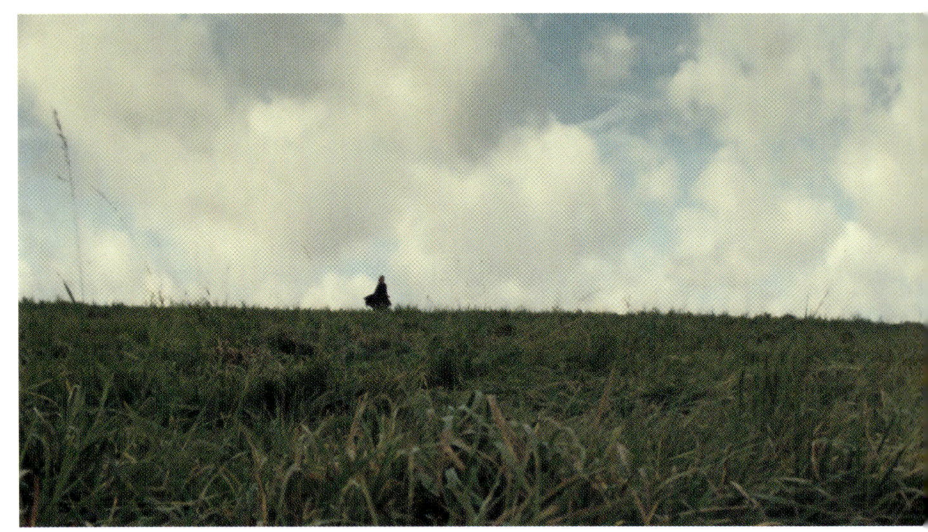

Bild 96 Englische Landschaft

Musik: Girlie Pop / Pop Tarts

IRMA läuft tränenüberströmt einen windumtosten Hügel hoch. Sie schreit wütend aus vollster Kehle. Dann faßt sie einen Entschluß und geht zielstrebig weiter.

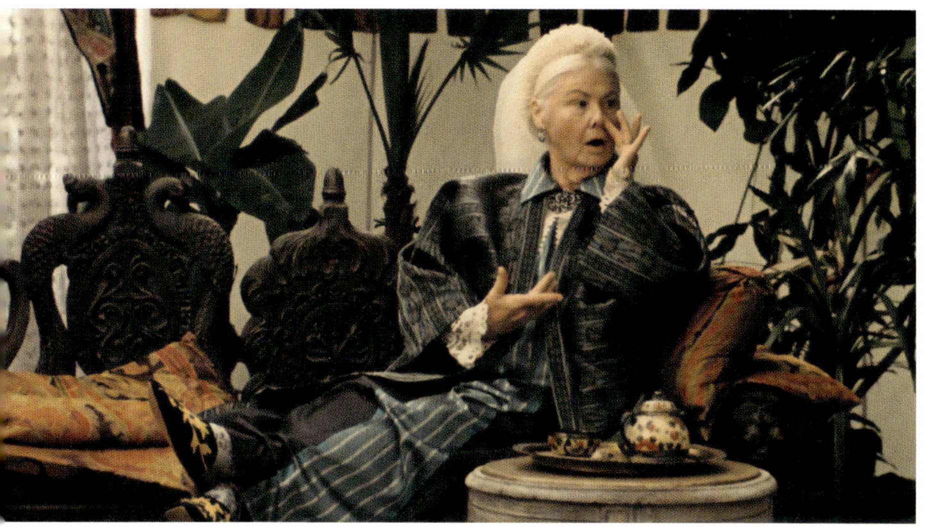

Bild 97 Queen Victorias Zelt

Musik: Girlie Pop / Pop Tarts

Ein riesiges Segeltuchzelt. Darin QUEEN VICTORIA, inmitten exotischer Pflanzen und indischer Teppiche. Sie selbst liegt drapiert auf einer Opiumliege im orientalischen Stil. Untersetzt und übergewichtig, ist sie jedoch voller Eleganz und Gravitas.

SISI lümmelt ihr gegenüber auf Kissen, während SMYTHE steif und ehrfürchtig im Bombay Fornicator sitzt. DOCTOR BOSE, ein indischer Gentleman mit weißem Bart, in hohem Kragen und dunklem, elegantem Anzug.

Man trinkt Tee aus filigranen Tassen. QUEEN VICTORIA ist SMYTHE gegenüber eisig kalt und abweisend.

QUEEN VICTORIA Your figure is exceedingly slim, dear Elisabeth.

SMYTHE She eats like a sparrow, your Majesty.

QUEEN VICTORIA When you fought for me in Africa, Captain, which regiment were you attached to?

SMYTHE Umm … I was in the reserve, I'm afraid, your Majesty.

SISI And you Sir, I see, have worked wonders with cousin Victoria.

DR. BOSE Well, thank you, your Imperial Highness, we are working on it still. There is a meditation technique we call eating the prana, which her Majesty the Queen has become very fond of. In essence …

QUEEN VICTORIA … I merely open my mouth and close it again, breathing in through my nose and out through my mouth, like so …

QUEEN VICTORIA hält mit einem Finger ihr linkes Nasenloch zu und beginnt schwer stöhnend ein- und auszuatmen. SMYTHE ist irritiert.

DR. BOSE Excellent, your Majesty! You see, the life-force that is the *prana* descends from the five winds, the *vayus* …

SISI How fascinating! Will you please give me an introduction?

DR. BOSE Gladly. Later on, if you like. If the Great White Mother allows it.

QUEEN VICTORIA It does help quite well with my menstruation cramps.

SISI Oh. You are still menstruating?

SMYTHE ist es alles unglaublich peinlich.

SMYTHE These plants are from Australia, is that correct, your Majesty?

QUEEN VICTORIA It's always absolutely delightful when Dr. Bose comes for a visit.

DR. BOSE Ha!

QUEEN VICTORIA lacht wie ein kleines Mädchen.

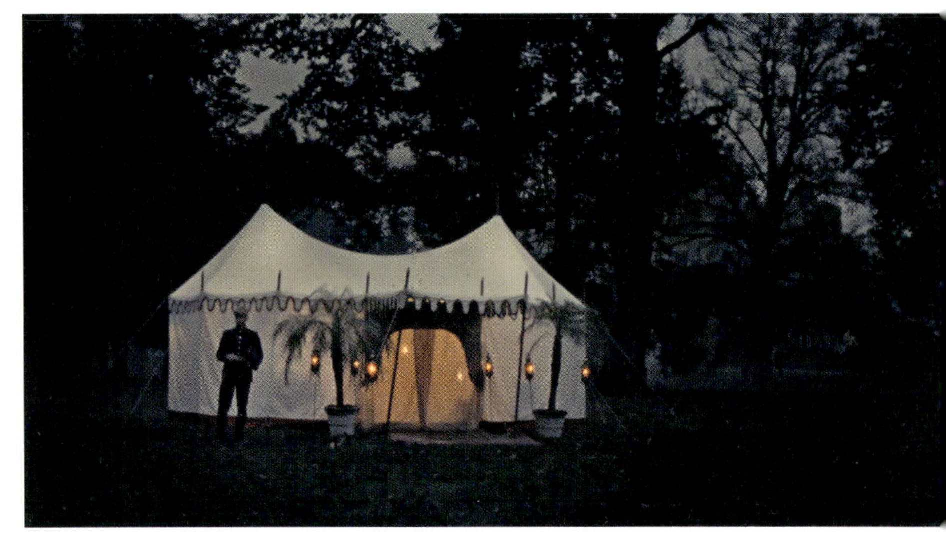

Bild 98 Vor Queen Victorias Zelt

Es ist Nacht. SMYTHE läuft nervös vor dem Zelt in der Dunkelheit herum und raucht. Von innen ist das yogische Atmen von SISI und DR. BOSE zu hören.

> IRMA (V.O.) Lieber Graf Berzeviczy … Stop … England ist eine Katastrophe …

Bild 99 In Queen Victorias Zelt

SISI und DR. BOSE sitzen im Schneidersitz auf dem Fußboden des Palmenhauses. Einige Kerzen brennen neben ihnen. SISI hält sich mit einem Daumen das Nasenloch zu.

DR. BOSE Now form the mudra with the other hand, as I have taught you. This is the seal that directs the energy back into the body.

SISI *(lacht)* Am I permitted to laugh?

DR. BOSE *(lacht)* Ah yes! Laughter is also very good meditation. That is precisely the correct position.

SISI Really? But how does this enable weight loss?

DR. BOSE You must do this twice a day for 20 minutes. And you will feel rejuvenated and envigorated and thus you will lose weight.

SISI Oh God. Fantastic! Simple!

DR. BOSE You are a talented pupil, your Imperial Majesty …

Bild 100 Vor Queen Victorias Zelt

SMYTHE geht auf und ab, nimmt schließlich allen Mut zusammen.

IRMA (V. O.) … Elisabeth hat ihren Verstand an einen jungen Hauptmann verloren … Stop …

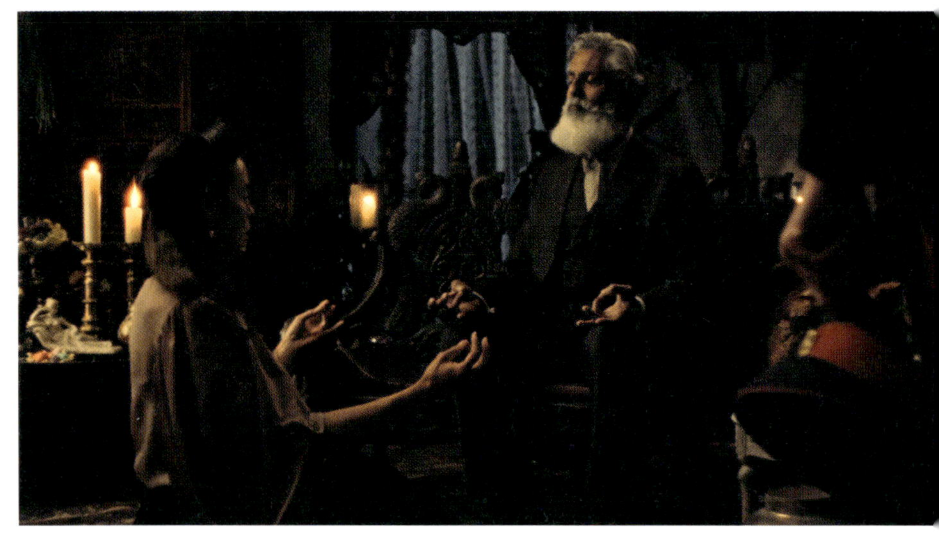

Bild 101 In Queen Victorias Zelt

SMYTHE stürmt herein.

SMYTHE … right … that is enough of … this!

DR. BOSE Begging your pardon, Sir, we are in the middle of a mudra here …

SISI Captain Smythe is searching for his horse … how sweet of him. Smythe, there are no horses here.

IRMA (V.O.) … Sogar zum Tee zu Königin Victoria reist er mit ihr …

SMYTHE setzt sich dazu, SISI und DR. BOSE summen weiter.

IRMA (V. O.) … Ich hoffe, daß Sie auf Franz Joseph einwirken können … Stop … Der Monarchie zuliebe … Stop …

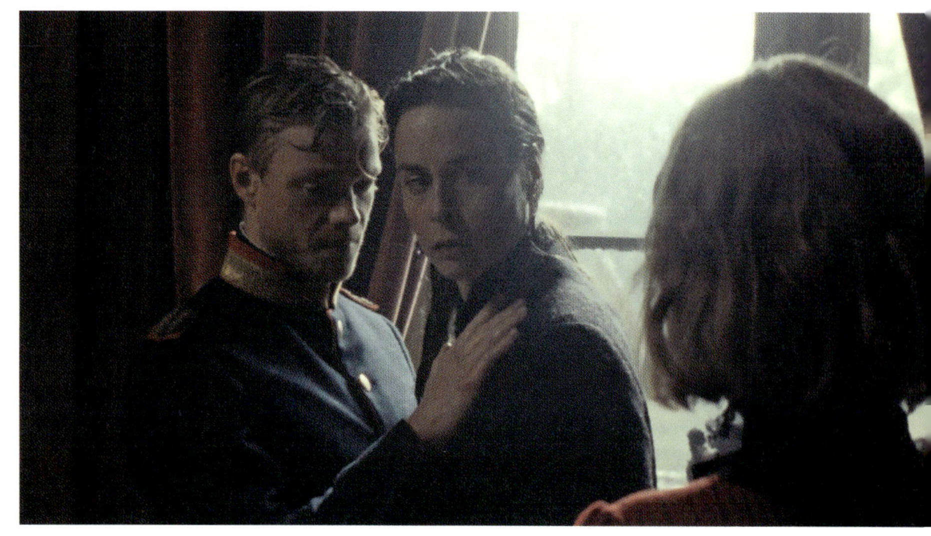

Bild 102 Earl Spencers Salon

Es ist Nacht. SMYTHE und SISI rennen im Regen kichernd die Außentreppen hoch, sie sind klitschnass.

IRMA (V.O.) Ergeben, Irma, Gräfin Sztáray.

Sie betreten den Salon.

SMYTHE I've never met anyone like you.

SMYTHE geht auf SISI zu.

SMYTHE It feels like I have never met anyone at all before I met you.

SISI Surely you exaggerate.

SMYTHE küßt sie äußerst leidenschaftlich.

SISI Stop it …

SMYTHE küßt SISI weiter.

SISI Don't stop it.

IRMA, die die ganze Zeit hinter einer Ecke zugesehen hat, geht auf beide zu und räuspert sich.

IRMA Ähem. Ein Telegramm für Dich.

SISI nimmt das Telegramm und sieht IRMA erbost an.

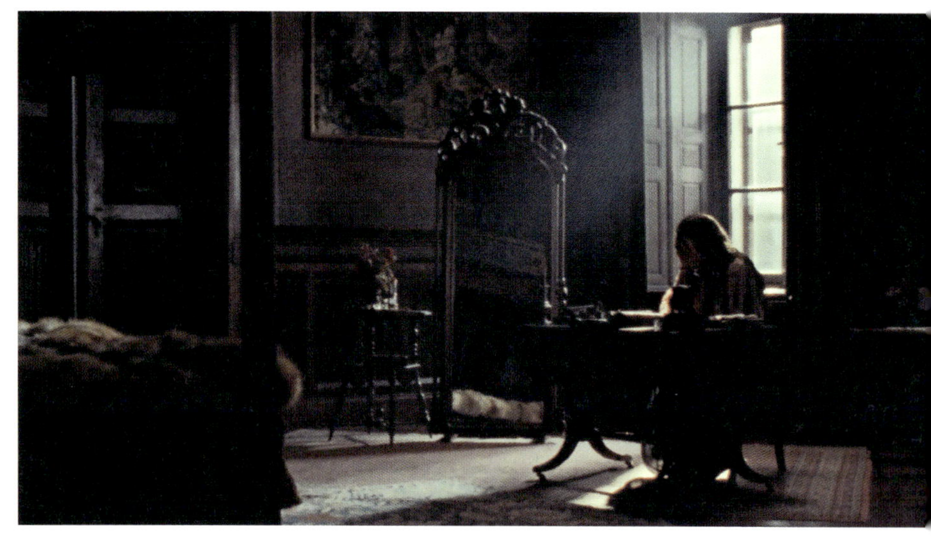

Bild 103 Sisis Schlafzimmer England

SISI sitzt am Schreibtisch und faltet das eben gelesene Telegramm zusammen. SMYTHE klopft sanft an die Tür und kommt herein, ein Lächeln auf dem Gesicht.

SMYTHE You called for me? Will we be riding out?

SISI Not at all. I wanted to say goodbye.

SMYTHE What do you mean?

SISI I have grown tired of you and your horses.

SMYTHE What is this?

SISI A quick goodbye. I wish you luck.

SMYTHE I thought you favored me.

SISI Of course. Very much so. I've now had enough of it. That is all.

SMYTHE Don't do this, Elisabeth.

SISI lächelt unbarmherzig.

SISI I already have.

SMYTHE But I love you.

SISI Perhaps you might write a sonnet about it. In the stables.

SMYTHE läuft verletzt aus dem Zimmer und knallt die Tür ins Schloss.

SISIS Gesicht ist schmerzverzerrt. Sie sieht aus, als habe man ihr in den Magen getreten. Tränen. Sie schreit ihren Schmerz heraus.

IRMA eilt herbei. Auf SISIS Schreibtisch liegt das Telegramm von Franz Joseph.

SISI Franz. Ich soll England sofort verlassen.

IRMA Na ja. Eine Kaiserin und ihr Stallbursche bei Königin Victoria, das ist natürlich eine Kriegserklärung …

SISIS Gesicht ist voller Tränen.

IRMA Du hast immer alle weggeschoben, die Dich geliebt haben. Es ist doch alles ein völliges Desaster.

SISI Ich möchte eigentlich nur noch nach Hause.

Musik: Shchedryk / Bel Canto Choir Vilnius

Die Kamera verdichtet sich auf eine Hirschbronze auf dem Schreibtisch.

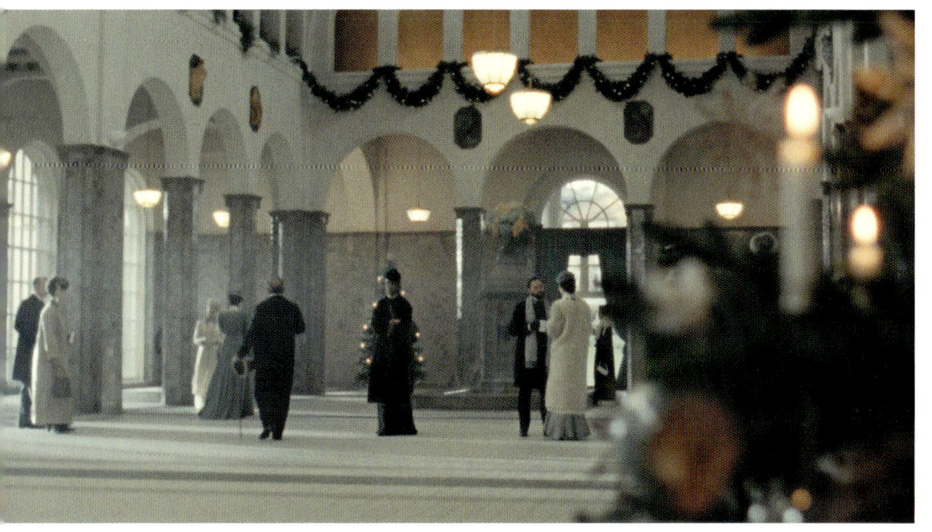

Bild 104 Wandelhalle Bad Kissingen

Musik: Shchedryk / Bel Canto Choir Vilnius

Eine Christbaumkugel an einem Weihnachtsbaum mit einem Hirschen darauf. Es ist Heiligabend und zugleich SISIS Geburtstag.

IRMA holt eine Schnabeltasse mit Heilwasser und läuft zu SISI, die abwesend und traurig im schwarzen Schleier durch die Halle wandelt.

> IRMA Ich hab mir gedacht, wir könnten nachher Deinen Geburtstag feiern und in die Kirche gehen. Das Weihnachtsoratorium anhören …
>
> SISI Ich hasse es … Ich hasse Musik … Ich hasse Kirchen … Ich hasse alle Menschen … Und am meisten verabscheue ich meinen Geburtstag.

IRMA Aber Du hast doch mich.

SISI Ja. Du bist immer da.

SISI läßt IRMA stehen.

Bild 105 Vor Sisis Hotelzimmer

Musik: Shchedryk / Bel Canto Choir Vilnius

IRMA steht mit mehreren Blumensträußen im Arm vor SISIS Zimmer. Neben ihr ein Hotelpage, ebenfalls beladen mit Geschenken und Geburtstagskarten. IRMA klopft zaghaft.

IRMA Sisi?

Keine Antwort. Sie versucht die Tür zu öffnen. Abgeschlossen.

IRMA Sisi? Mach bitte mal die Tür auf!

Erneut nichts. IRMA beginnt wild an die Tür zu schlagen.

IRMA Elisabeth! Öffnen Sie bitte die Tür!

Ein DIENER kommt herbei.

IRMA Bitte öffnen. Schnell!

Der DIENER zückt einen Schlüssel und schließt die Tür auf.

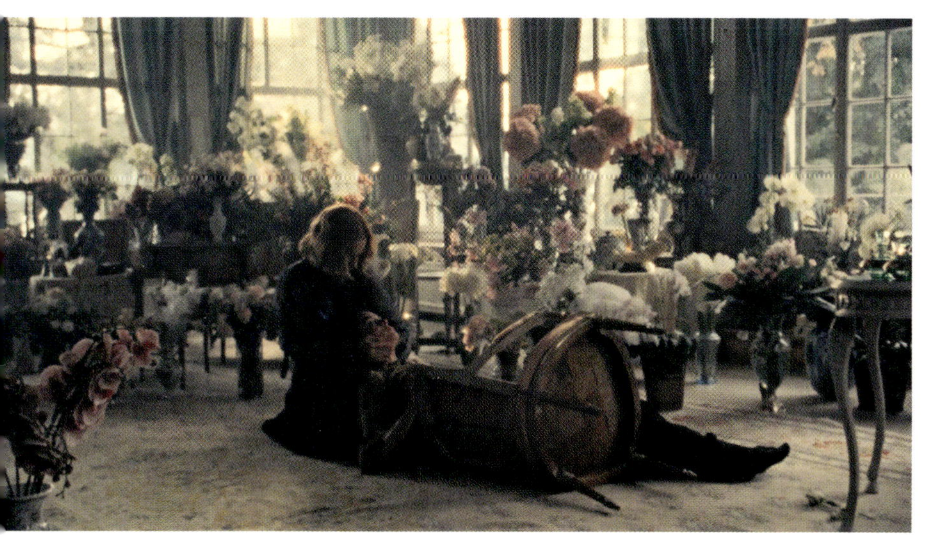

Bild 106 Sisis Hotelzimmer

Die Zimmertür geht auf, und IRMA steht mitsamt dem DIENER im Zimmer. Ein Meer aus Blumensträußen und Geburtstagsgrüßen. Dazwischen liegt SISI regungslos am Boden, neben ihr ein silbernes Spritzbesteck. Der andere DIENER schaut neugierig zur Tür hinein.

IRMA Raus!

Sie scheucht den DIENER aus dem Zimmer und knallt die Tür zu.

Die DIENER lauschen von draußen an der Tür.

IRMA kniet sich zur Kaiserin. Sie versucht panisch, sie wiederzubeleben – erfolglos.

IRMA Komm, komm, komm, wach auf. Elisabeth, hier.

Schließlich steckt IRMA SISI den Finger in den Hals, und SISI würgt. SISI beginnt wieder zu atmen.

IRMA Was machst Du denn, Du Dummerchen?

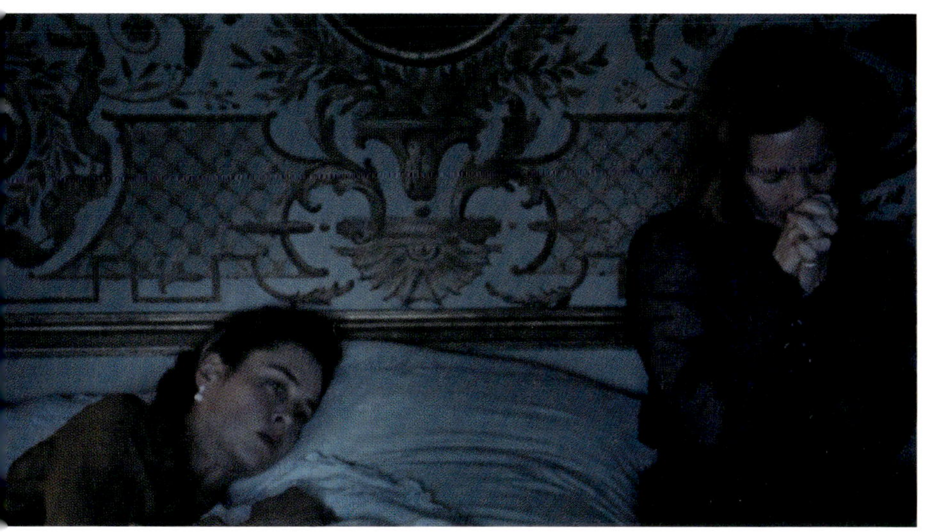

Bild 107 Sisis Hotelzimmer

SISI liegt matt und bleich auf dem Bett.

IRMA legt sich neben sie, ihre Köpfe berühren sich fast.

IRMA So etwas darfst Du nie wieder machen.

SISI Ich will sterben.

IRMA Es gibt Menschen, die Dich brauchen.

SISI Kein Mensch braucht einen anderen Menschen.

IRMA So etwas Gottloses darfst Du nicht sagen.

SISI Ich bin müde. Laß mich gehen.

IRMA Nein! Ich erlaube es nicht. Du würdest exkommuniziert!

SISI Ist mir doch egal, wenn ich tot bin.

IRMA Dann bringe ich mich eben auch um.

SISI Du bist eine schlechte Lügnerin.

IRMA setzt sich resigniert auf und faltet die Hände. Sie schließt die Augen und betet still vor sich hin. SISI starrt ins Leere.

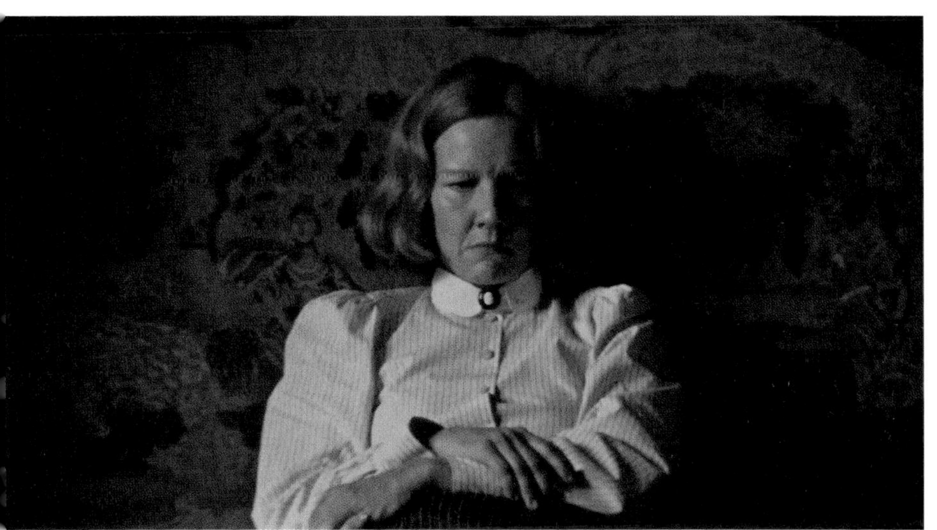

Bild 108 Vor Sisis Hotelzimmer

IRMA geht auf und ab. Sie öffnet einen Brief von ihrer Mutter.

MARIA (O.S.) Meine Tochter. Ich hörte davon, daß die Dinge mit der Kaiserin ganz aus dem Ruder gelaufen sind. Ich hätte es schon früh merken sollen, als Du aus mir herauskamst, daß Du eine Mißgeburt bist. Häßlich und unnütz. Deshalb hast Du auch nie einen Mann gefunden. Nicht weil Du abstoßend oder häßlich bist, nein, sondern weil Du unfähig bist. Ich habe so viel Zeit und Energie in Dich gesteckt, aber es hat rein gar nichts bewirkt. Ich schäme mich, so eine Kreatur wie Dich mein Eigen zu nennen. Deine Mutter, Maria Sztáray.

IRMA starrt fassungslos ins Nichts.

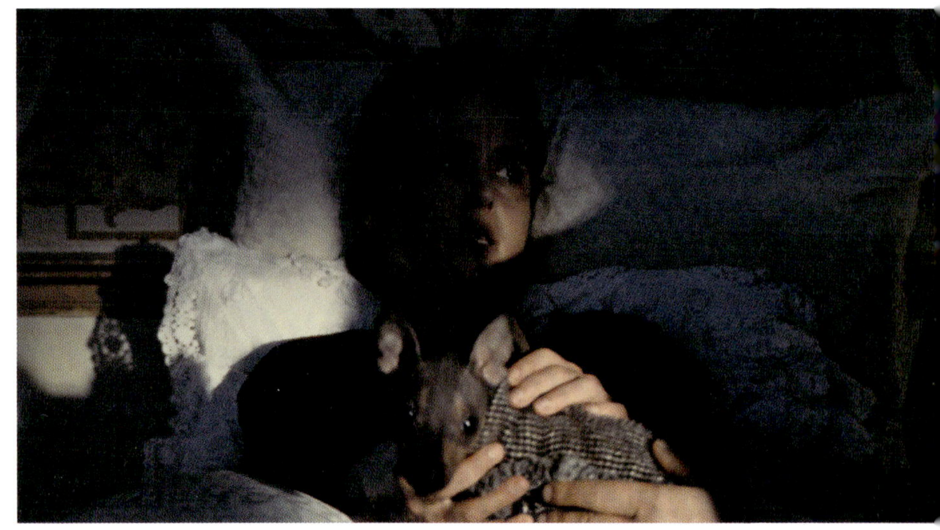

Bild 109 Sisis Hotelzimmer

SISI liegt im Halbdunkel auf dem Bett, ein Vorhang ist leicht aufgezogen. Sie sieht kränklich aus und alt.

Es klopft leise an der Tür und IRMA kommt herein.

IRMA Sieh mal, wer den ganzen Weg nur für Dich gekommen ist.

VIKTOR taucht auf, seine Besorgnis überspielend.

SISI Ludwig.

Er zieht den Mantel aus, kommt an SISIS Bett.

VIKTOR Sag mal, spinnst Du? Ludwig? Ich bin es.

VIKTOR setzt sich auf die Bettkante.

VIKTOR Das kommt doch überhaupt nicht in Frage! Du sichst ja gräßlich aus! Raus aus dem Bett!

Er versucht sie aufzurichten.

VIKTOR Aufstehen! Dies hier ist nicht die schönste Frau Europas, von der alle sprechen! Dies hier ist ein Elend.

SISI Viktor.

VIKTOR So was gibt's bei mir nicht!

SISI Ich weiß das sehr zu schätzen.

VIKTOR ... Veuillez vous taire immédiatement! Ich habe Dir etwas mitgebracht. – Irma, mein Gepäck bitte.

VIKTOR öffnet die Tasche und ein kleiner nackter Welpe springt heraus und auf SISIS Bett. VIKTOR schaut entzückt.

VIKTOR Sie war die Kleinste in ihrem Wurf. Und ein bißchen dicklich, deshalb wollte sie niemand haben. Aber sie hat den besten Charakter. Und Du mußt ab jetzt auf sie aufpassen.

SISI Ich kann das nicht.

VIKTOR Papperlapapp! Aktion! Hm?

Musik: Afraid / Nico

VIKTOR und IRMA stützen SISI, die sich aufsetzt.

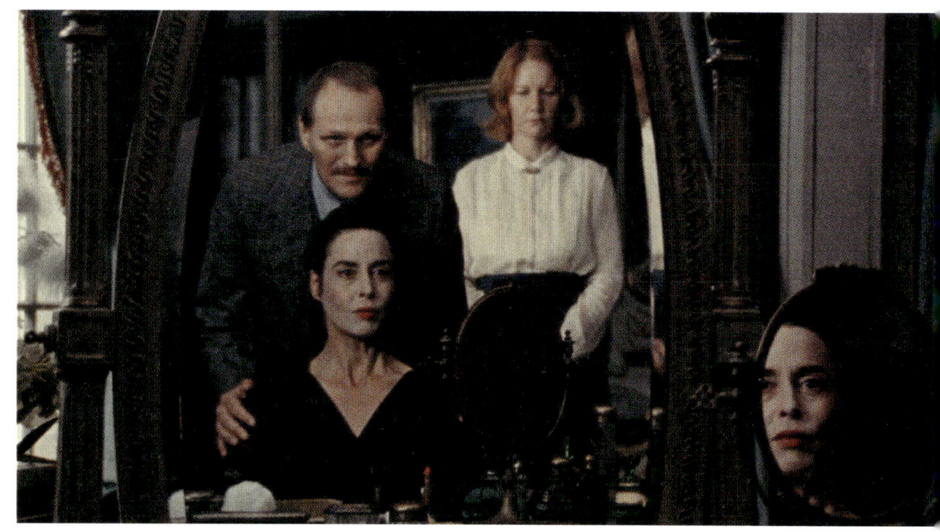

Bild 110 Sisis Hotelzimmer

Musik: Afraid / Nico

SISI sitzt schlaff und willenlos im Frisierstuhl vor dem Spiegel.

VIKTOR kämmt ihr zärtlich das Haar. Er nimmt einen Pinsel und malt ihr die grauen Haare mit schwarzer Farbe an.

IRMA steht dahinter und sieht ihm im Spiegel zu.

VIKTOR beginnt damit, SISIS Gesicht mit weißer Schminke zu schminken.

Schließlich malt er SISIS Lippen grellrot an.

Als er fertig ist, sieht ihr Gesicht aus wie eine Totenmaske.

SISI Ich muß mich erst erholen. Hundert Jahre schlafen.

VIKTOR sieht SISI traurig im Spiegel an.

SISI Fahr zurück nach Paris. Umarme das Leben für mich. Im Frühjahr sehen wir uns wieder in Griechenland. Dann wird es mir besser gehen. Ich verspreche es.

VIKTOR schweigt, und IRMA beginnt hemmungslos zu weinen.

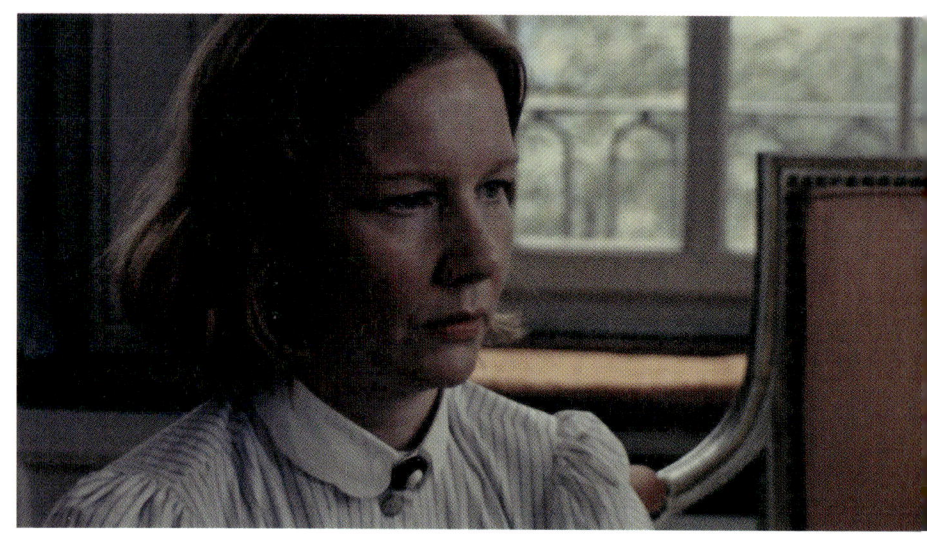

Bild III Sisis Hotelzimmer

SISI sitzt blass am Boden und liest, als IRMA mit dem Kästchen mit ihren Sisi-Devotionalien hereinkommt.

IRMA Schau mal.

Sie hält SISI das Kästchen hin. Keine Reaktion. IRMA rückt den Stuhl direkt vor SISI und öffnet das Kästchen.

Sie beginnt, die einzelnen Dinge zu zeigen: Muscheln, Haarbüschel, Pralinenpapier, das Freundschaftsamulett aus Algier.

IRMA Ich habe alles aufgehoben.

Sie zeigt SISI die Schalen des Eidechseneis.

IRMA Und das …

IRMA kniet sich zu SISI und nimmt allen Mut zusammen.

IRMA Ich liebe Dich, Elisabeth.

SISI sieht IRMA verstört an und fegt das Kästchen zur Seite.

SISI Du sagst, daß Du mich liebst?

IRMA Mehr als alles, alles …

SISI Und erinnerst Du Dich an die Prophezeiung?

IRMA Ich erinnere mich an jedes Wort, das Du jemals zu mir gesagt hast.

SISI steht auf und packt IRMA brutal am Kragen.

SISI Schwöre es! Daß Du mich wirklich liebst!

IRMA Ich kann nicht ohne Dich leben. Niemals.

SISI Schwöre es!

IRMA Ich schwöre es.

Zitternd versucht IRMA SISIS Gesicht zu berühren.

SISI läßt IRMA los. Sieht ihr in die Augen und lächelt manisch.

SISI Dann fährst Du mit mir in die Schweiz.

Musik: Shining / Peace Orchestra

IRMA (V. O.) Licht an. Licht aus. An. Aus.

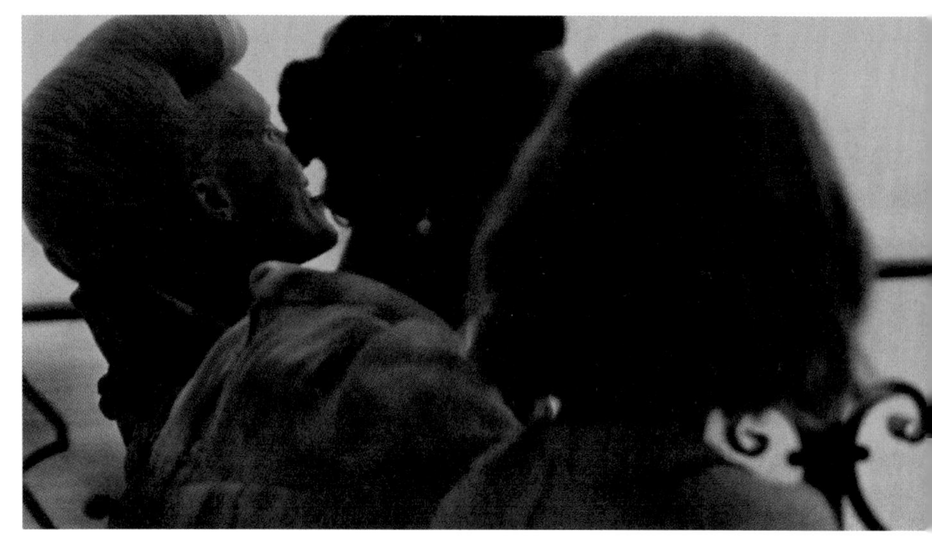

Bild 112 Am Genfer See

Musik: Shining / Peace Orchestra

Der bedrohlich wirkende Genfer See bei Sonnenuntergang.

SISI, IRMA und BARONIN ROTHSCHILD sitzen beim von Kerzen beleuchteten Abendessen auf dem Anlegesteg des Anwesens der Baronin. Alle tragen helle Kleider, alles scheint leicht und fröhlich. IRMA sieht den beiden lachenden Frauen zu.

IRMA (V. O.) Am Vorabend des 10. Septembers 1898 werden wir Madame Rothschild in ihrer Villa am Genfer See zum Abendessen treffen.

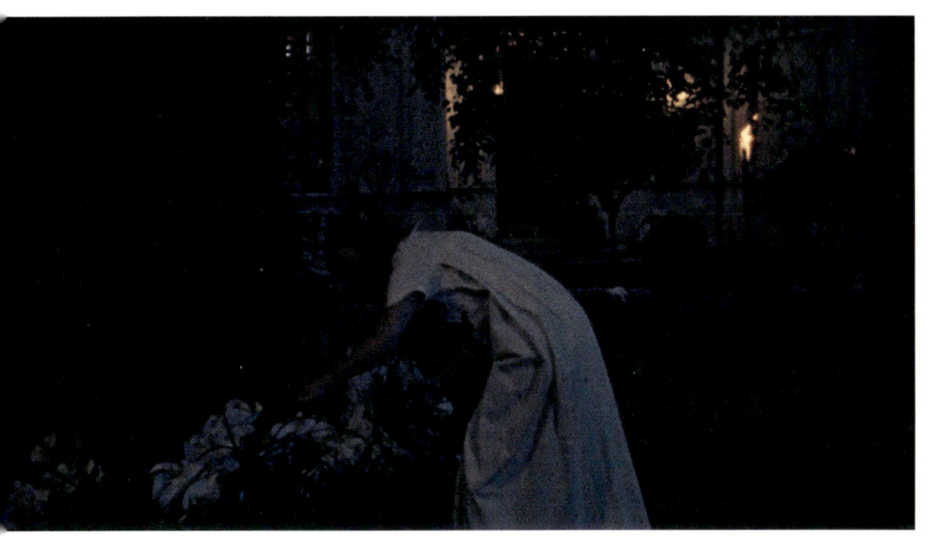

Bild 113 Am Genfer See

Musik: Shining / Peace Orchestra

Fackeln sind nun entzündet worden, es ist beinahe dunkel. SISI und BARONIN ROTHSCHILD schlendern lachend und Arm in Arm durch den Garten. IRMA sieht sich die Orchideen an, pflückt einige davon.

> IRMA (V. O.) Wir werden die weißen Orchideen in ihrem Garten bewundern und einen Strauß davon pflücken und mit in unser Zimmer nehmen.

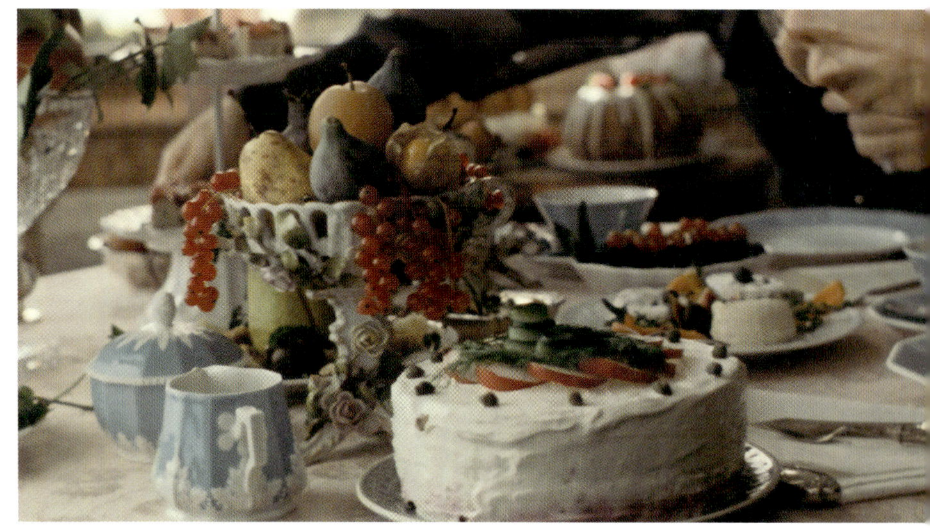

Bild 114 Badehaus Rothschild

Musik: Shining / Peace Orchestra

SISI und IRMA im Badehaus der BARONIN ROTHSCHILD am Genfer See beim gemeinsamen Frühstück.

IRMA (V.O.) Am Morgen des 10. Septembers werden wir um sieben Uhr morgens gemeinsam sitzen.

Der Tisch vor ihnen ist überladen mit Torten, Früchten, Sahnebaisers und Zuckergebäck. Bayerisches Porzellan. SISI ißt genußvoll, leckt sich die Finger ab.

IRMA (V.O.) Wir werden all das essen, was Du Dir jahrelang versagt hast. Es wird so schön sein.

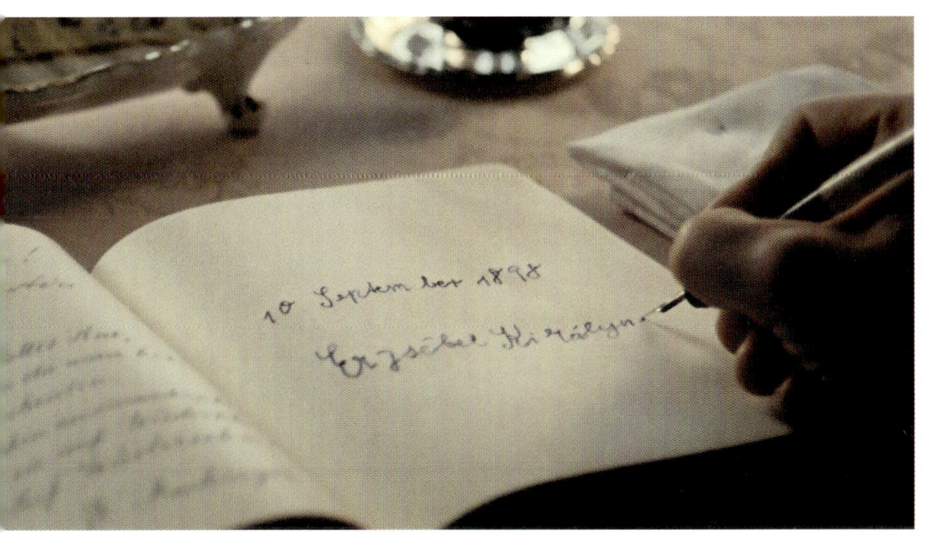

Bild 115 Badehaus Rothschild

Musik: Shining / Peace Orchestra

IRMA steht am Tisch, darauf das Gästebuch von BARONIN ROTHSCHILD. Sie taucht eine Schreibfeder in ein Tintenfaß und schreibt das Datum: 10. September 1898.

> IRMA (V. O.) Bevor wir gehen, werde ich für Dich in das Gastbuch schreiben.
>
> *E-r-z-s-é-b-e-t K-i-r-á-l-y-n-é.*

IRMA schreibt Kaiserin Elisabeth auf Ungarisch in das Gästebuch der Baronin.

Bild 116 Genfer Seepromenade

Musik: Shining / Peace Orchestra

SISI und IRMA spazieren, ihr Eis essend, an der Uferpromenade entlang. Kinder spielen, Passanten schlendern vorbei. SISI sieht glücklich und gelöst aus, IRMA hingegen blass und nervös.

IRMA (V. O.) Gegen 11 Uhr werden wir auf dem Weg zum See ein Nussglacé zu uns nehmen, Dein letztes Glacé. Es ist der Mittag des 10. Septembers 1898. Fast endet das Jahrhundert.

SISI Jetzt reiß Dich doch mal zusammen, Irma. Seit Tagen diese dunkle Stimmung. Es ist lästig.

IRMA reagiert nicht. SISI löst sich und läuft rückwärts vor ihr her.

SISI Du könntest doch wenigstens antworten. Oder lächeln? Bitte.

Von vorne nähert sich der Anarchist LUIGI LUCHENI.

LUIGI LUCHENI Elisabeth!

IRMA zieht aus ihrem Ärmel eine Ahle aus poliertem Stahl.

SISI Einmal? Zweimal? Dreimal?

IRMA sticht SISI mit der Ahle mitten ins Herz.

IRMA zieht die Nadel wieder heraus und läßt sie zu Boden fallen.

LUIGI LUCHENI bleibt direkt vor SISI stehen.

LUIGI LUCHENI Nieder mit den Parasiten! Tod der Monarchie!

LUCHENI schubst IRMA zur Seite. Sie strauchelt und fällt zu Boden.

Einige PASSANTEN stürmen herbei und ringen LUCHENI brutal zu Boden.

SISI reicht IRMA die Hand und hilft ihr auf die Beine. Dann hakt sie sich bei IRMA unter. Sie gehen langsam weiter, Richtung See hin.

IRMA Ist Dir nichts geschehen?

Fest hält sie SISI im Arm und streichelt sanft ihre Hand.

SISI Nein, es ist mir nichts geschehen.

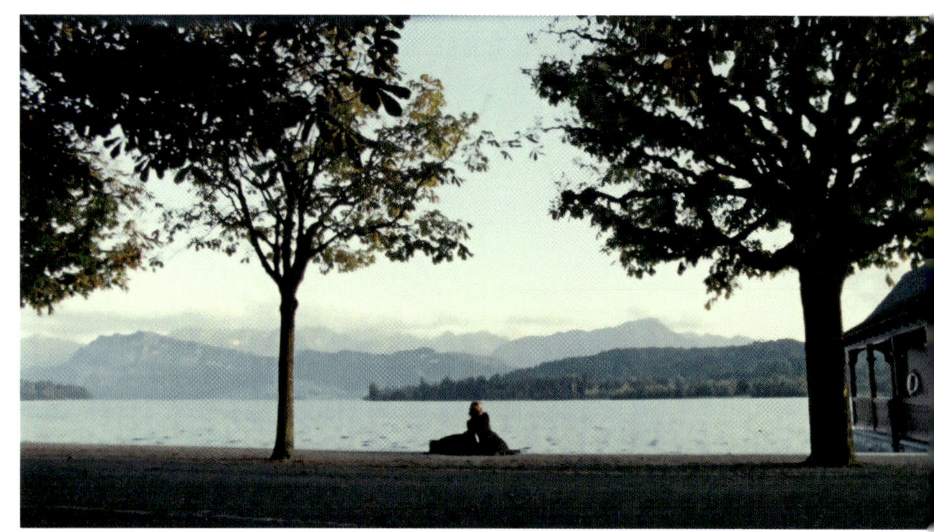

Bild 117 Am Genfer See

IRMA und SISI gehen Arm in Arm am See entlang.

SISI Du liebst mich noch viel mehr, als ich es dachte. Irmalein.

Dann bricht SISI zusammen.

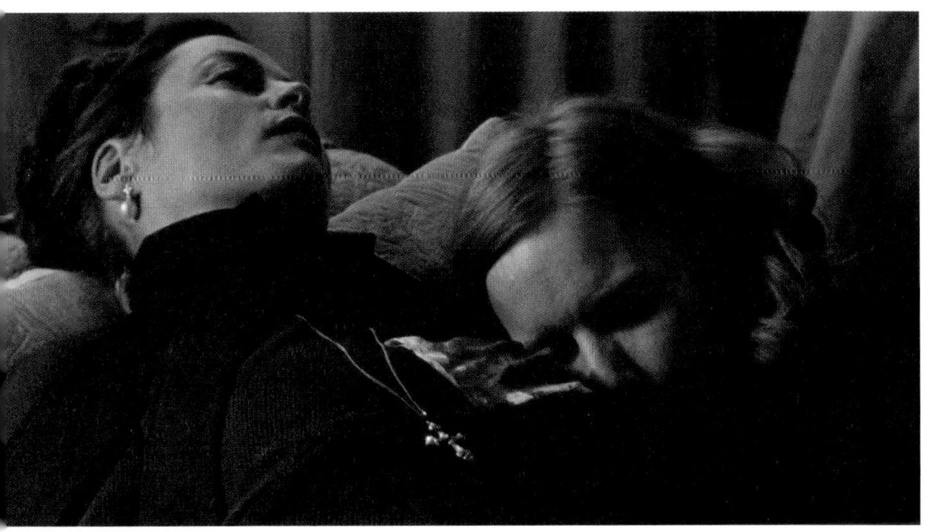

Bild 118 Badehaus Rothschild

SISI wird von einem DIENER in das dunkle Hotelzimmer getragen, gefolgt von IRMA und einigen ÄRZTEN. Sie wird auf das Bett gelegt.

SISI atmet schwer und schnarrend und schaut IRMA hilfesuchend an. Man hat das Korsett geöffnet, und Blut sickert nun reichlich aus der Wunde am Herzen.

SISI schreckt kurz zusammen, sie flüstert etwas, und IRMA beugt sich herab zu ihren Lippen, um sie zu verstehen.

SISI *(flüsternd)* Könntest Du bitte das Licht ausmachen.

SISI lächelt. Ein Vogel ruft. Ihr Blick erlischt. IRMAS Kopf ruht neben dem blutigen Taschentuch auf SISIS Brust.

SISIS und IRMAS Hände halten einander fest umschlungen.

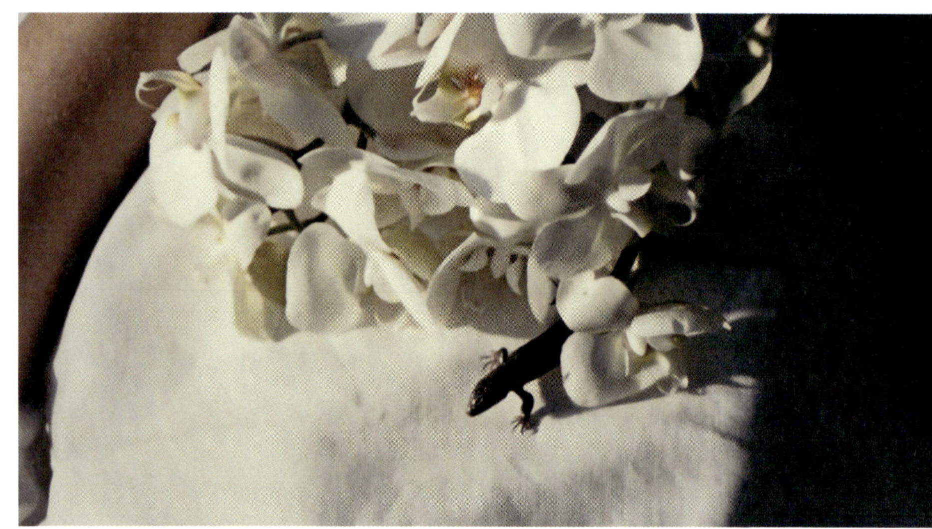

Bild 119 Badehaus Rothschild

SISI aufgebahrt auf dem Bett im Zimmer am See. Um ihren Kopf ist eine schwarze Kinnstütze gebunden.

IRMA betet am Fußende.

> IRMA *(flüsternd)* Jesus, mein Erlöser, sei mit mir in dieser schweren Stunde.

IRMA nimmt nun die weißen Orchideen und legt sie auf SISIS Brust.

Sie legt einen Rosenkranz um SISIS Hände.

Musik: Cosmic Dancer / Sandra Hüller

Eine EIDECHSE späht aus den Blüten auf SISIS Brust hervor und hastet dann eilig davon.

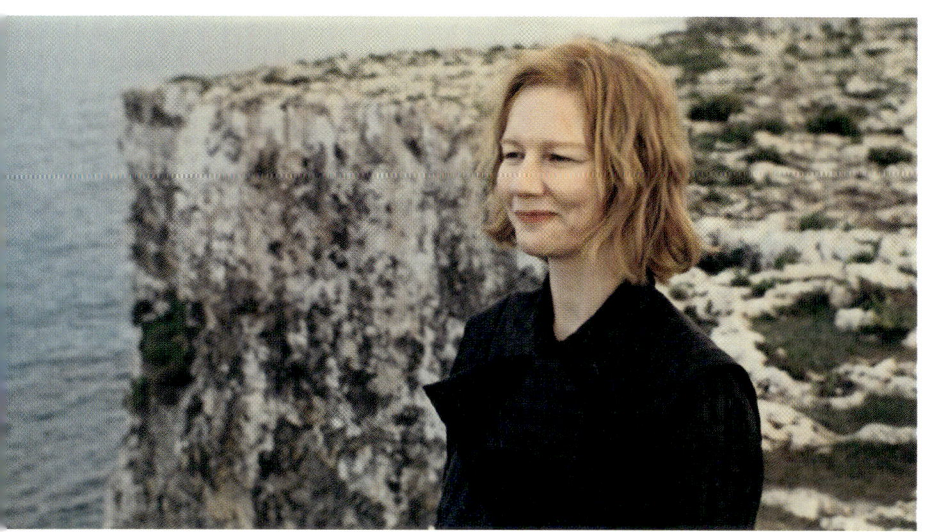

Bild 120 Klippe in Korfu

Musik: Cosmic Dancer / Sandra Hüller

Strahlender Sonnenschein. Von weitem IRMAS Gestalt, die selbstbewußt in Richtung der Klippe wandert, auf die sie damals mit SISI gestiegen war.

An der Kante angelangt bleibt IRMA stehen und schaut auf das weite Meer. Eine Möwe ruft.

Sie lächelt.

– ENDE –

Ein Gespräch über *Sisi & Ich*
Frauke Finsterwalder & Christian Kracht

FF: Christian, mir ist aufgefallen, daß ich beim Drehbuchschreiben vor allem Bilder vor mir sehe. Das können Filmbilder sein oder Körperhaltungen der Figuren oder Lichtstimmungen. Dies ist ja schon unsere zweite, engste Arbeit zusammen, und ich habe Dich nie gefragt, ob Dir das beim Schreiben auch so geht?

CK: Ich sehe gar nichts vor mir. Ich denke immer in Figuren, und die sprechen dann aus sich heraus, weil sie gar nicht anders können. Dialoge entstehen immer rein intuitiv, das ist schon fast, als sei es ein Zwang. Ich bin bei Weitem nicht so visuell wie Du, sondern arbeite aus einem Gefühl der Vermeidung falscher Sprache heraus. Das klingt jetzt so apodiktisch, so meine ich das gar nicht. Es ist eher ein Gespenst, das einem sagt, wie es zu gehen hat. Aber das hast Du doch auch, die Angst vor inauthentischem Sprechen. Das fällt Dir doch auch immer sofort auf.

FF: Ja, es fällt mir immer ganz extrem bei *anderen* Filmen auf. Es tut einem ja weh, wenn Figuren verkehrt sprechen, also, wenn man ihnen nicht glaubt. Da bricht der ganze Film mit einem Satz in sich zusammen. Ich muß trotzdem zugeben, daß es mir selbst manchmal schwerfällt, die Figuren nicht erklären zu lassen, was man eh sieht, also keine Exposition im Dialog zu veranstalten. Da hilft es sehr, mit jemandem wie Dir zu arbeiten, der eher in Worten als in Bildern denkt. Wir sprechen ja die Dialoge auch immer miteinander, um zu sehen, ob alles stimmt. Oder schreiben einfach Sachen auf, die wir oder andere im Alltag sagen und legen sie den Figuren in den Mund. Oft schreiben wir das in Restaurants auf Papierservietten.

CK: Dafür treten bei mir die Figuren immer auf und ab wie in einem Puppentheater. Das fällt wiederum mir so schwer, daß im Film Charaktere nicht eine Tür aufmachen und hölzern in den Salon kommen, mit Gesicht zum Publikum etwas aufsagen und dann durch dieselbe Tür wieder hinausgehen. Ich weiß ja, daß das idiotisch ist, trotzdem schreibe ich es immer wieder hinein, in der absurden Hoffnung, Du merkst es vielleicht nicht.

FF: Es ist interessant, daß Du, für jemanden, der das Theater nicht schätzt oder es vielleicht sogar ablehnt, so gerne theatralische Auf- und Abtritte in die Drehbücher schreibst. Meinst Du das ironisch?

CK: Nein, gar nicht. Wenn ich Deine Bildworte, also Deine filmischen Gedanken vor mir sehe, bei denen ich helfen soll, sie in ein Drehbuch zu verwandeln, dann sehe ich die immer in einem Kasten; es ist, als müsse ich beim Erschreiben in eine Schachtel hineinschauen, die nach vorne hin offen steht. Und in diesem Guckkasten ist eine Papptür links und eine Papptür rechts, und links erscheint der Dienstbote mit einer Tasse Tee oder wahlweise einem Revolver, und rechts flüchtet der ertappte Ehemann hinaus. Und das hat, glaube ich, weniger mit dem Theater zu tun, sondern vielmehr damit, daß ich als Kind erst durch Comiclesen die Welt verstanden habe, zum Beispiel durch das genaue Ansehen von Nick Knatterton und Prinz Eisenherz, die Dir ja auch viel bedeutet haben.

FF: Das Comiclesen schult einen darin, wie Figuren sprechen sollten. Und daß sie eine jeweils eigene Sprache mit ganz eigenen Ausdrucksweisen sprechen müssen. Du kennst doch die Übersetzerin der Donald-Duck-Comics, Erika Fuchs, und ihre Poesie der Lautmalerei. Also die Erfindung von Klangworten, die sie dann als Verben eingesetzt hat, wie »grübel«, »knatter«, »stöhn«, »bibber«, »mampf« und so weiter.

CK: Eventuell hast Du ja wegen Erika Fuchs ein sehr ausgeprägtes Gespür, ein Gehör für Dinge, die nicht stimmen.

FF: Vielleicht. Wir haben den Film ja auf 16 mm gedreht, und es gab für mich nur einen Monitor mit ganz furchtbar schlechter Auflösung, also wie früher. Und da konnte man zwar die Cadrage sehen und wo wer im Bild steht, aber kaum die Gesichtsausdrücke, das war einfach vollkommen unscharf. Ich habe deshalb entweder nur mit bloßem Auge von weiter weg sehen können, was die Schauspielerinnen spielen, aber oft auch einfach nach Gehör gehen müssen, ob sich das richtig anhört, wie gesprochen wird. Ich glaube, das hat die Schauspielerinnen manchmal schrecklich genervt, wie sehr ich darauf geachtet habe, wie sie Dinge sagen.

CK: Es gibt da ein wunderbares Zitat von David Bowie, das Du Sisi in Deinem Film benutzen läßt: »The idea that everything will remain uncertain until the end is actually very beautiful.« Was ist das für ein Prozeß für Dich, der Dir sagt, so etwas mußt Du aufgreifen und verwenden?

FF: Musik ist für mich essentiell beim Nachdenken über einen neuen Film. Meistens steht am Anfang ein Song. Ich habe T. Rex' *Cosmic Dancer* gehört, in einer Interpretation von David Bowie, und gleich gedacht: Das ist Irma, die da spricht. Genauso muß sie sein. Und dann habe ich zufällig ein Bowie-Interview gelesen, in dem er eben diesen Satz sagt: »Die Vorstellung, daß alles bis zum Ende unklar bleiben wird, ist eigentlich sehr, sehr schön.« Es war da schon klar, daß Irma Sisi am Ende des Films töten würde. Aber inwieweit steht da ein Plan von Sisi dahinter?

Inwieweit treibt sie Irma zu diesem Schritt? Und ich dachte: Genau das muß Sisi sagen in diesem Film.

CK: Manchmal erscheint es einem hinterher, als sei alles nur exakt so möglich gewesen, und daß nichts zufällig geschehen ist. Also die Linien von T. Rex zu David Bowie, und dann hast Du ja auch einen Song dieser vergessenen japanischen Rockband *Seagull Screaming Kiss Her Kiss Her* verwendet, und irgendwie gehört das alles zusammen und hat miteinander zu tun. Es ist eben nur nötig, daß man den Verbindungen nachgeht, als wandele man durch einen Traum. Und machmal möchte man ja nicht aufwachen im Traum, weil alles so interessant ist, und man eben kurz davor ist, den Schleier zu lüften, um zu erfahren, *warum* alles so geschieht und nicht anders.

FF: Es gibt ja verschiedene Ansätze beim Drehbuchschreiben. Einige schreiben nach Schemata. Also 1. Akt, 2. Akt, 3. Akt und so weiter. Oder nach dem Syd-Field-Ratgeber. Bei uns ist es, glaube ich, meistens intuitiv, als würde man eben schlafwandeln, etwas sehen oder hören und dann aufschreiben. Deshalb war natürlich sofort klar, daß dies hier kein historisch akkurater Film werden würde. Eine Art freie Variation vielleicht. Trotzdem: Die historische Elisabeth von Österreich-Ungarn ist ja nicht unbedingt eine Figur, von der man vermuten würde, daß Du Dich ihr in einem Deiner Romane widmen würdest. Was hat Dich daran interessiert, am Drehbuch zu *Sisi & Ich* mitzuschreiben?

CK: Ach, da gibt's so viele Gründe. Zum Beispiel Dein Hang zum Melodramatischen, etwas, das mir ebenfalls sehr wichtig ist. Auch Dein Wunsch, eine rote Cola-Dose ins Bild schwimmen zu lassen, als Irma und Sisi vor Korfu ins Meer springen. Ich habe das einmal bei *Marie Antoinette* von Sofia Coppola gesehen, wo ein Paar Chucks aus einem Haufen französischer Prä-Revolutions-Schuhe herausragt, und das hat mir so gefallen, und ich habe immer versucht, so etwas in meinen Büchern geschehen zu lassen, so eine, wie sagt man, kognitive Dissonanz.

FF: *Marie Antoinette*, ja. Guter Film. Aber er ist schon fast ein rotes Tuch für mich. Sobald ich als Regisseurin nämlich sage, »Ich drehe als nächtes einen zeitgenössischen, historischen Film über Kaiserin Sisi«, kommt fast immer sofort der Kommentar: »Ah, ja, so was wie *Marie Antoinette* von Sofia Coppola.« Als bräuchte es eine Legitimation, als Frau einen historischen Kostümfilm drehen zu dürfen, also die Legitimation, daß Sofia Coppola das ja auch gemacht hat, und als könne da gar nichts Eigenes entstehen. Das wird Regisseurinnen im deutschsprachigen Raum nicht zugestanden. Ich würde ja zu einem Regisseur, der mir erzählt, er drehe jetzt einen Kriegsfilm, nie sagen: »Ah, ja, genau. Wie *Apocalypse Now* von Sofias Vater.« Deswegen ist die Cola-Dose ironisch zu verstehen. Sie sagt: Vielleicht ist Frauke Finsterwalder nicht intelligent genug, sich was Eigenes auszudenken und muß die Ideen der bekanntesten Regisseurin der Welt stehlen. So wie Leute in Deutschland immer über meine Filme sagen, daß sie von Dir sind, weil Du am Drehbuch mitgeschrieben hast. Weil, das kann ja nicht sein, daß eine Frau so etwas alleine schafft. Das ist sehr verletzend. Und soll es auch sein, damit ich als Frau auf den richtigen Platz ganz hinten oder *an der Seite von* verwiesen werde.

CK: Ich empfinde das auch als furchtbar. Das ist mir körperlich unangenehm, wenn da wieder einmal behauptet wird, daß es eigentlich mein Film ist. Und Du nicht die Regisseurin. Meistens sind es Männer, die so denken und sprechen. Eigentlich immer.

FF: Man könnte sagen, daß die Männer insgesamt in diesem Film nicht so gut wegkommen. Wie denkst Du als Mann darüber?

CK: Es gibt ja nur drei männliche Figuren in Deinem Film, alle Nebenrollen: Graf Berzeviczy, Kaiser Franz Joseph und sein

Bruder, der Erzherzog Viktor. Und diese drei Männer sind, wenn ich das so sagen darf, entweder vollkommen dysfunktional oder *abusive* oder gleich beides zusammen. Ich denke, man sollte das aber jetzt nicht als Ausstellung des Geschlechts sehen, sondern als interessante Umdrehung einer männlich konnotierten Welt. Zum einen innerhalb der Handlung, zum anderen innerhalb der Filmwelt. Ich empfinde das als befreiend, einfach mal zu behaupten, daß es in *Sisi & Ich* eigentlich nur Frauen geben wird und die Männer entweder unwichtig oder arme Idioten sind.

FF: Du vergißt die Engländer. Earl Spencer und Smythe. Und Berzeviczy ist doch kein Idiot. Ich finde ihn absolut sympathisch. Und was ist mit Viktor?

CK: Stimmt, die habe ich praktisch vergessen. Viktor liebe ich. Er trägt in seiner vorletzten Szene eine Astrakhan-Mütze auf dem Kopf und bringt der Kaiserin einen kleinen komischen Welpen als Geschenk mit, um sie aufzumuntern. Und er liebt Sisi als einziger im Film aufrichtig, ohne Hintergedanken.

FF: In *Sisi & Ich* werden eigentlich fast alle schlecht behandelt. Der Film erzählt ja die Geschichte von Mißhandlung durch alle Geschlechter und Generationen hindurch. Mütter mißhandeln ihre Töchter, Frauen mißhandeln Frauen, Männer mißhandeln Frauen, Frauen mißhandeln Männer. Ich habe mich in diesem Zusammenhang auch stark mit dem Vorgang des *grooming* beschäftigt, weil ich mich gefragt habe, wie das funktioniert: Wie macht der Täter/die Täterin das, jemanden so gefügig zu machen, daß er/sie trotzdem bereit ist, zu lieben? Wie entsteht so ein Abhängigkeitsverhältnis? Ich wollte mich aber, wie immer in der Arbeit mit Dir, dem Grauen durch Humor nähern. Es ist schwierig, etwas zu erzählen, wenn man von Haß und Traurigkeit erfüllt ist. Deshalb auch die Idee, zwei Frauencharaktere zu erfinden, die sich wie Kinder benehmen.

CK: Ich habe ja aus irgendwelchen Gründen große Schwierigkeiten damit, in meinen Büchern Frauencharaktere agieren zu lassen – da war es ganz heilsam für mich, sich über weite Strecken in einer Handlung wiederzufinden, in der sich ausschließlich Frauen bewegen. Manchmal reicht es aus, einen sehr kleinen Schalter umzuknipsen, um besser verstehen zu können. Daß es systemische Ungerechtigkeit gibt, die dem einen Geschlecht sonnenklar ist, und daß dem anderen Geschlecht dies nicht nur nicht bewußt, sondern auch vollkommen gleichgültig ist. Etwas ganz anderes: Du arbeitest gerne mit Zitaten, Du erwähnst andere Filme in Deinen Filmen – Visconti ist da am offensichtlichsten.

FF: Leider habe ich neulich in einem Dokumentarfilm über Visconti gesehen, daß er anscheinend ein unsympathischer Despot und Macho war. Ich weiß, Du schätzt ihn als Filmemacher nicht so wie ich, aber *Gewalt und Leidenschaft* ist für mich nach wie vor ein riesiges Vorbild, wenn es um sehr gute Filmdialoge geht. Überhaupt, die Perfektion in Ausstattung und Kostüm in eigentlich allen Visconti-Filmen. Der in *Sisi & Ich* zitierte *Tod in Venedig* ist zudem eine Geschichte, um die man eigentlich nicht herumkommt, wenn man über das Altern und Sterben und die Angst davor nachdenkt. Das sind ja die Hauptthemen der alternden Sisi. Da fällt mir ein, daß Du wohl wegen *Tod in Venedig* eine so große Erdbeerphobie hast. An denen kleben ja da die Cholerabazillen, an denen Aschenbach sterben wird. Interessanterweise beschäftigen Du und ich uns in unseren Filmen und Büchern gerne mit Phobien und auch mit Körperflüssigkeiten.

CK: Ich möchte gerne noch ganz kurz etwas zu Visconti sagen, bevor ich zu den Körperflüssigkeiten komme: Bis auf *Gewalt und Leidenschaft* finde ich seine Filme grauenhaft, vor allem schlecht ausgeleuchtet, voller grellem *camp* und unerträglich deprimierenden Buffonerien.

FF: Ich merke, Du willst vom Thema ablenken, denn nun muß ich ja Visconti verteidigen, damit Du nicht über die Körperflüssigkeiten sprechen mußt. Also … schlecht ausgeleuchtet: ja. Schlechte Kameraeinstellungen: manchmal. Aber ansonsten muß ich Dir Unrecht geben. Ich liebe das bei Visconti, was Du *camp* nennst. Das Ausufernde. Das Maßlose. Das Barocke, das jedoch nie ins Geschmacklose abdriftet. Weil es das Gegenteil der protestantischen Hamburger und skandinavischen Welt ist, in der ich aufgewachsen bin. In der sich nur schlichtes, dänisches Design schickte, niemals Taxi gefahren werden durfte und man den Schimmel vom Brot abschnitt, um es zu essen, obwohl es schon schlecht war. Was wolltest Du denn nun vorhin zu den Körperflüssigkeiten sagen?

CK: Moment, Moment, ich komme gleich zu den Körperflüssigkeiten. Ich habe eine große Affinität zur Darstellung von Maßlosigkeiten, wähle zum Beispiel immer den Katholizismus, den Weihrauch, das Blut Christi und die lateinische Messe und nicht das Protestantische, das Sich-selbst-etwas-Versagen, das, wie Du so schön sagst, Nicht-Taxifahren und so weiter. Was mich aber an Visconti stört, ist, daß er das Handwerk nicht beherrscht. Ein ähnliches Problem hat ja Werner Herzog auch; beide können nicht so gut Fiktives inszenieren. Siehe zum Beispiel *Aguirre*. Lauter doofe Anschlußfehler. Bei Herzog ist das aber nicht weiter tragisch, weil, wenn er die Herzogmaschine anwirft in seinen Dokumentarfilmen, dann ist das natürlich ganz großartig. Bei Visconti aber ist es einfach nur Schludrigkeit.

FF: Ich finde eigentlich nur seinen Film über König Ludwig technisch schludrig. Aber das macht er durch die fantastische Ausstattung wieder gut. In dem Film spielt ja Romy Schneider erneut die Sisi. Trotzdem, noch mal zurück zu den Erdbeeren …

CK: Die Beschreibung oder Sichtbarmachung von Körperflüssigkeiten ist schon seit Jahren eine Marotte von mir, ich finde es ganz entsetzlich, kann aber auch andererseits nicht aufhören damit. Etwas ganz Ähnliches läßt Du doch auch Michael Maertens als Fußpfleger Claude Petersdorf in Deinem Film *Finsterworld* sagen.

FF: Ja, da geht es um deutsche Volkslieder und wie schauderhaft bestimmte Worte darin klingen. Wie zum Beispiel das Wort »Fiderallalla«. Vielleicht ginge das allen Menschen so, wenn sie darüber nachdenken würden. Was man aus Selbstschutzgründen ja nicht ständig tut. Sonst würde man ja verrückt werden.

CK: Diese Hypersensibilität ist vielleicht mehr Menschen eigen, als man denkt. Manchmal habe ich aber auch den Eindruck, daß diese Genauigkeit der Gefühle, die sich bis in Silbenabfolgen hinein erstreckt, eher schizoid oder auch psychotisch sein könnte.

FF: In *Sisi & Ich* gibt es ja auch Figuren mit extremer Sinneswahrnehmung. Zum Besipiel Graf Berzeviczy, der die Butter aus dem Mund von Irma riechen kann und es ihr sofort sagt. Oder Sisi, die Irma gleich bei ihrem ersten Treffen mit dem zweiten Satz sagt, daß sie schlecht riecht. Worauf Irma antwortet, daß sie auf die Toilette muß. Da reden Figuren so direkt miteinander, als wären sie seit Jahrzehnten ein Paar. So intim, daß es eigentlich unhöflich ist. Ich finde diese kleinen, unmerklichen Grenzüberschreitungen sehr lustig.

CK: Ja, das ist immer sehr lustig, womit wir auch wieder bei den Körperflüssigkeiten wären. Aber es geht Dir ja, glaube ich, nicht darum, einen Choc zu erzeugen, oder auf dieser zumeist französischen Obsession mit dem haut goût herumzureiten, sondern darum, eine Membran herzustellen zwischen Betrachter und Betrachtetem. Diese Distanz erzeugt ja normalerweise Ironie, aber Dein Film ist niemals ironisch. Und das ist für mich das Kunststück, eins der Kunststücke dieses Films.

FF: Ist es nicht eher so, daß die Membran zwischen dem Zuschauer und dem Film dadurch aufgehoben wird? Ich zumindest habe in diesen Momenten im Film das Gefühl, selber dabei zu sein. Die Butter zu riechen. Und das Erbrochene an Irmas Ärmel.

CK: Du hast in Deinen Film nicht nur ein wirklich erstaunliches vierminütiges Visconti-Pastiche eingearbeitet, das mit Nico musikalisch untermalt wird, sondern Dich auch mit dem britischen Regisseur-/Drehbuch-/Produzenten-Duo Powell und Pressburger beschäftigt, die in den frühen 1940er-Jahren und auch danach sehr ungewöhnliche Filme hergestellt haben.

FF: Ich finde die Archers natürlich genial. Ich bewundere sie besonders für ihre enge Kollaboration beim Schreiben. Danach führte der eine Regie und der andere schnitt dann den Film, und währenddessen ging wiederum der andere monatelang in den schottischen Highlands wandern. Aber was es genau mit meinen Filmen zu tun hat, weiß ich nicht. Der Einsatz von Musik ist bei ihnen wirklich besonders. Und das Hysterische, in dem alles möglich erscheint.

CK: Ja, vielleicht ist es das Wissen um die Künstlichkeit, sogar das tiefe Vertrauen auf die Künstlichkeit. Du hast für die Titel Deines Films ja eine altmodische Schrift und Farbigkeit gewählt, die geradewegs aus dem Powell & Pressburger-Universum zu stammen scheint, während die lange Plansequenz, in der Sisi, von ihrem Tross gefolgt, durch den grünen Salon läuft, von einem Song der britischen Popband Would-Be-Goods unterlegt ist, die ihrerseits sehr intensiv von Powell & Pressburger beeinflußt waren. Das gesamte *El*-Label war ja eigentlich Powell & Pressburger verschrieben. Etwas anderes: Ist *Sisi & Ich* eine Komödie?

FF: Aber das kannst Du doch selbst beantworten. Der Film ist lustig, ja, albern manchmal, dann wieder böse und traurig und tragisch. Wie würdest Du das nennen?

CK: Ich bin mir so unsicher, da ich den Film absolut nicht kategorisieren kann. Ist zum Beispiel Tarantinos *Kill Bill* eine Komödie? Oder Todd Haynes *Far from Heaven?* Weil *Sisi & Ich* ja auch durch die Kostüme, die eher in den 1940ern und 1970ern verortet werden können, nicht wirklich zeitlich einzuordnen ist. Und wenn ich mir Deinen Film ansehe, dann meine ich, ein sonderbares Uhrwerk zu erleben, das da vor mir surrt und schwirrt, es feuert pausenlos Sachen ab, bizarre Dialoge, 40er-Jahre-Kostüme, Ameisen, Indie-Pop, Salamander, Schildkröten, Welpen, Hommagen an andere Filme … Manchmal habe ich das Gefühl, Du zitierst Dich selbst. Weshalb vielleicht in Deinem Film auch sehr viele Spiegel zu sehen sind.

FF: Ja. Manchmal merke ich gar nicht, daß man sich selbst zitiert. Daß Sandra Hüller wie schon bei *Finsterworld* hier wieder mit Fußcremes hantieren muß, ist mir zum Beispiel erst beim Dreh aufgefallen. Vielleicht stimmt es, was mein Professor am ersten Tag an der Filmhochschule zu uns neuen Studenten sagte: Ihr werdet wahrscheinlich in Eurem Leben immer wieder denselben Film drehen.

CK: Ein sympathischer Professor. Wenn er nur wüßte, daß in Deinem zweiten Spielfilm Fußcremes erneut eine Rolle spielen. Und ich glaube, es ist tatsächlich weltweit der erste Spielfilm mit der 90er-Jahre Berliner Lo-Fi-Garage-Band *Pop Tarts* im Soundtrack.

FF: Haha – ja, es wurde aber auch Zeit. Übrigens gibt es noch ein weiteres Bowie-Zitat im Film. Ich glaube, das weißt Du gar nicht, denn ich habe es reingemogelt. Es kommt zweimal in Variationen vor. Einmal sagt es Sisi zu Irma und einmal sagt es die Mutter. In dem furchtbaren Brief an Irma. Es geht ungefähr so: *Ich habe so viel Energie und Zeit in diesen anderen Menschen gesteckt, und der in mich. So daß wir uns gegenseitig nur verausgabt haben*. Bowie bezieht das auf seine gescheiterte Ehe mit Angie Bowie. Es gibt ja viele, die es seltsam finden, daß Du und ich zusammenarbeiten, die finden, man könne nicht mit seinem Partner zusammenarbeiten. Ich kann mir eigentlich beim Schreiben nichts Besseres vorstellen. Man steckt ja im Alltag sehr viel Energie ineinander. Aber bei der Zusammenarbeit ist es doch irgendwie das Gegenteil. Das geht ganz leicht. Man ist auf Augenhöhe, muß sich nicht beweisen oder verstecken.

CK: Ja, man robbt gerne stundenlang unter Stacheldraht durch und dann noch mit dem Gesicht nach unten durch den Schlamm, weil man ja weiß, daß man so den Goldnugget findet. Außerdem ist es ganz einfach: Ich brauche Dich, weil ich kann das nicht alleine. Vor allem beim Drehbuchschreiben stoße ich schnell an meine ganz persönlichen Grenzen, die ich mir ja eventuell selbst gesteckt habe, aber das gehört vielleicht nicht hierher. Aber wir haben ja vorhin schon darüber geredet; es geht um das authentische Sprechen. Und beim Film ist das ganz viszeral. Du sagtest es vorhin; da weiß man binnert Millisekunden, ob es echt und glaubhaft ist oder nicht. Und manchmal habe ich die Furcht, daß Du dahinterkommen könntest, daß ich in Wirklichkeit ganz inauthentisch bin. Aber wenn man zusammenarbeitet und etwas wie ein Drehbuch zusammen herstellt, dann ist diese Angst zumindest eine Weile nicht mehr da, weil man ja gemeinsam etwas in die Welt stellt, das außer- und oberhalb des Verständnisses liegt.

FF: Das Wichtigste bei der kreativen Zusammenarbeit ist ja, daß alles sein dürfen muß. Man darf nie über einen Vorschlag lachen oder die Augen verdrehen oder sagen: Das geht doch nicht. Sondern immer der Sache nachgehen, sie weiterdenken, egal wie absurd oder abwegig sie einem erscheint. Nie daran denken, was gut ankommt, sondern einfach alles sagen, was einem einfällt. Und das ist ja das Schöne daran, mit Dir zu arbeiten: Ich weiß, daß Du mich niemals für eine Idee oder einen Denkfehler verurteilen würdest. Bedingungslos ehrlich sein: ja. Genervt sein, wenn ich schludrig mit den Worten umgehe: ja. Aber Du würdest mir wegen einer außergewöhnlichen Idee nicht die Beziehung kündigen. Und ich Dir auch nicht. Im Gegenteil freue ich mich dann, daß es mit Dir nicht langweilig wird. Wenn ich allerdings zu Hause anfange, Regie zu führen, nervt Dich das dann schon. Sehr.

CK: Aber jetzt haben wir die Erdbeerphobie gar nicht mehr besprochen. Ich fürchte mich jedenfalls vor Erdbeeren mit flüssiger, warmer Schokolade. Nein, eigentlich fürchte ich mich nicht davor, es ist nur der schlimmste Geschmack, den ich mir vorstellen kann. Und Deine größte Phobie?

FF: Ich habe große Flugangst.

CK: Wenn ich das so sagen darf – ich glaube, es ist bei Dir das gleiche Gefühl wie bei mir in einem engen Tunnel oder Schacht oder bei meiner Angst vor Nadeln, Spritzen und Rasierklingen, man ist in diesem gelb-schwarzen Gefühl gefangen, und es gibt kein Außen mehr, es gibt nur noch diese allmächtige Furcht. Und sie ist absolut real, konkret und greifbar. Vielleicht ist das ein wenig so, wie sich Menschen im frühen Mittelalter vor der Hölle gefürchtet haben mögen. Es ist ja für Dich schlimmer als sterben, diese Flugangst, weil Du am Rand des Sterbens verharrst.

FF: Genau. Ich assoziiere das Fliegen mit dem Tod. Es ist ja eigentlich unwahrscheinlich, daß man abstürzt. So wie Du Dich wahrscheinlich beim Essen von Erdbeeren niemals mit Cholera infizieren wirst. Meine Therapeutin sagt, man muß einfach lernen, das Gehirn umzuprogrammieren. Ich muß die schrecklichen Gefühle beim Fliegen mit etwas Schönem ersetzen. Bei mir zum Beispiel funktionieren Farben dafür am besten. Wenn die Todesangst kommt, stelle ich mir die Farbe meines Badezimmers vor: *Light Blue.* Und dann sehe ich nur noch diese

Farbe, nicht mehr die Angst. Das klappt aber eigentlich nur manchmal. Weil ich auch das Gefühl habe, wenn ich alle meine Ängste loswerden würde, dann wäre ich leer. Dann hätte ich nichts mehr, worüber ich Filme machen könnte.

CK: Das kann ich sehr gut verstehen, daß Filme aus Angst entstehen. Obwohl, das *Light Blue* Deines Badezimmers ist doch vielleicht eher ein Grau-Blau. Und ich empfinde Grau als die schönste, als die intensivste aller Farben.

FF: Ich weiß. Alle Deine Pullover sind grau. Das hat schon manchmal etwas Zwanghaftes. Da fällt mir dieser Satz von Simone de Beauvoir ein, der stand mal am Anfang des Schreibens dieses Drehbuches: »Der Frau bleibt kein anderer Ausweg, als an ihrer Befreiung zu arbeiten.« Den haben wir aber, glaube ich, als wir in Indien saßen und dann wirklich schrieben, wieder vergessen. Trotzdem ist der Film dann ja, neben vielleicht einer Liebesgeschichte, doch die Geschichte der Selbstbefreiung seiner beiden Hauptfiguren, oder?

CK: Nur bedingt. Du hast einmal gesagt, der Film handele im Grunde davon, wie Irma von der allerersten Einstellung im rosa Puffkleid und mit komischen Haarlöckchen zu jener Irma werden wird, die in der letzten Einstellung in Reithosen auf den Klippen Korfus steht. Ihre geschnittenen Haare wehen im Wind, sie lächelt selbstsicher, und sie wird nie wieder dorthin zurückkehren, an den Anfang der Geschichte. Und Sisi, die sich ja eigentlich so frei gibt oder zumindest den Wunsch hat, völlig frei zu sein, ist lediglich das wahre Instrument für Irmas Befreiung. Und damit meine ich auch die Erlösung vom Mißbrauch, die Irma anstrebt; sie muß dazu erst die mächtigste, schönste Frau ihrer Zeit umbringen. Sisi sagt am Anfang des Films zu Irma: »Ich will nicht Ihre Mutter sein.« Irma sucht ja zweifellos einen Muttersatz in Sisi. Und das ist bedeutsam, weil Irma im Film gekommen ist, um eine sie kontrollierende, übermächtige Frau zu töten …

FF: Du meinst analog zum Töten der Vaterfigur, des rituellen Königsmords. Indem Sisi aber sagt, sie will nicht Irmas Mutter sein, ermuntert sie Irma doch eigentlich, frei zu werden. Ihr ein Gegenüber zu sein. Nicht in der kindlichen Bewunderung steckenzubleiben. Und eventuell quält sie Irma durch den Film hindurch ja auch nur so, damit Irma schließlich beides tut: Sisi vom Ballast ihrer Herkunft zu befreien, indem sie sie umbringt – sich selber töten kann Sisi als Katholikin ja nicht – und sich so von Sisi und ihrer Mutter gleichzeitig befreit und ein eigenständiger Mensch wird.

CK: Ich glaube nicht, daß Sisi Irma ermuntert, frei zu sein. Sisi ist eine ganz trickreiche Manipulatorin, die Irma dem von Dir vorhin angesprochenen *grooming* unterziehen wird. In Sisis System gibt es ja nur die Unterwerfung oder den Ausschluß aus ihrem System. Sie macht es mit allen, die sie trifft. Einzig vielleicht bei Dr. Bose, dem indischen Meister, läßt sie sich auf jemanden ein. Und das ist ihre Tragik, daß sie nur andere erniedrigen kann oder sich selbst in die Luft sprengen, das heißt, selbst ihren Tod herbeiführen, durch Irmas Ahle. Ein Mord, der auch noch perfide einem anderen, dem Anarchisten Luigi Lucheni zugeschoben wird. Und insofern ist Sisi vielleicht die wirkliche Anarchistin, die wie André Breton und die Surrealisten erkannt hat, daß Selbstmord die einzige Lösung ist.

FF: Was glaubst Du eigentlich, was Irma tun wird, nachdem sie am Ende auf der Klippe in Korfu angekommen ist?

CK: Irma jedenfalls wird ein glückliches langes Leben führen, oder sie wird springen. Frauke, wenn Du die Antwort wüßtest, hättest Du es gedreht. So bleibt am Ende nur Irmas schönes Lächeln übrig.

FF: Und wenn der Film an eine Komödie von Shakespeare angelehnt wäre …

CK: … an Deine Lieblingskomödie, *Was ihr wollt* …

FF: … dann würde Irma sich vielleicht die Haare noch kürzer schneiden und als Mann unerkannt zu Fritzi gehen, nach Galizien, auf ihre Apanage. Aber zum Glück ist ja alles so, wie es ist.

Skizzen

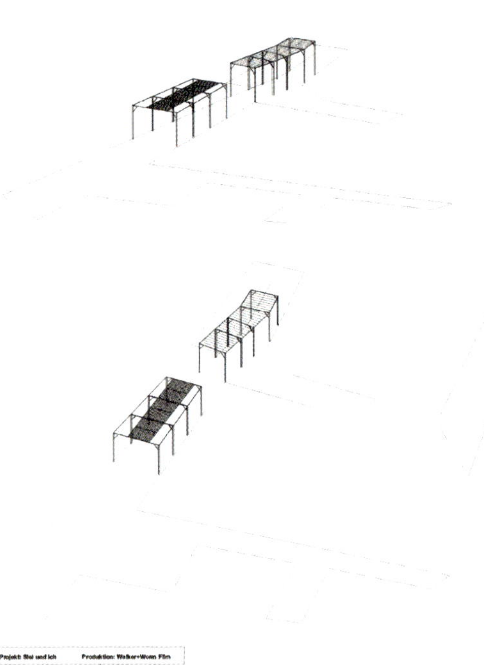

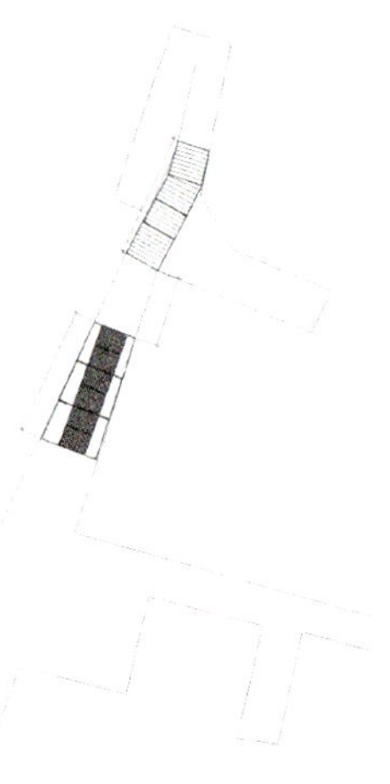

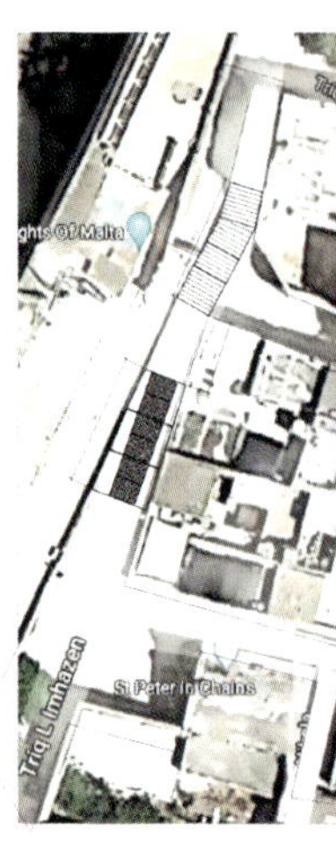

Projekt: Stei und Ich	Produktion: Walker+Worm Film
Motiv: **Kasbah**	Szenenbildnerin: **Katharina Wöppermann**
Drehort: **MDINA / Malta**	Grundriss M = 1:50 Zeichnerin: mvh Datum 7.10.2021

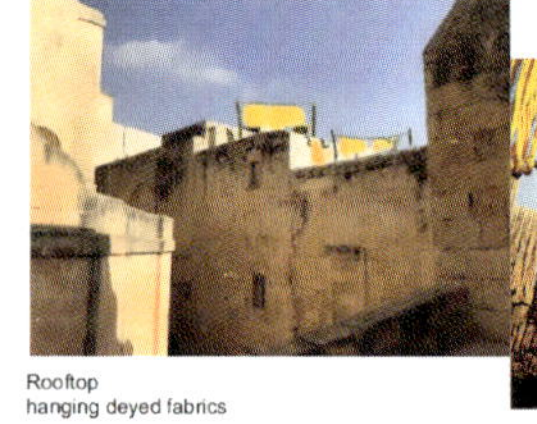

Rooftop
hanging deyed fabrics

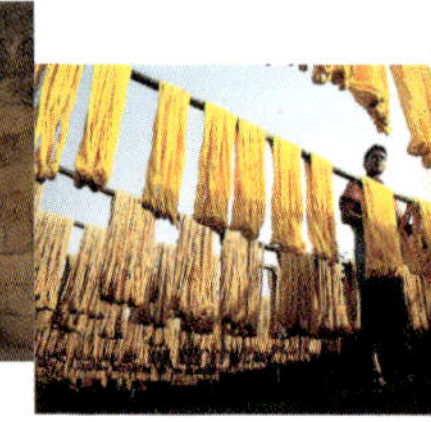

DEYERS AREA / hanging wools
wood construction elements

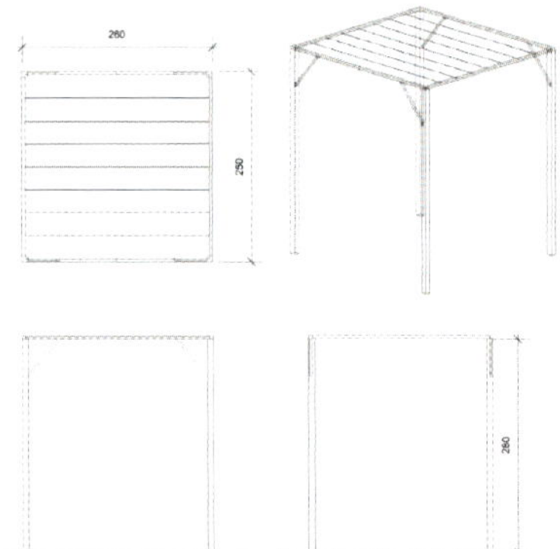

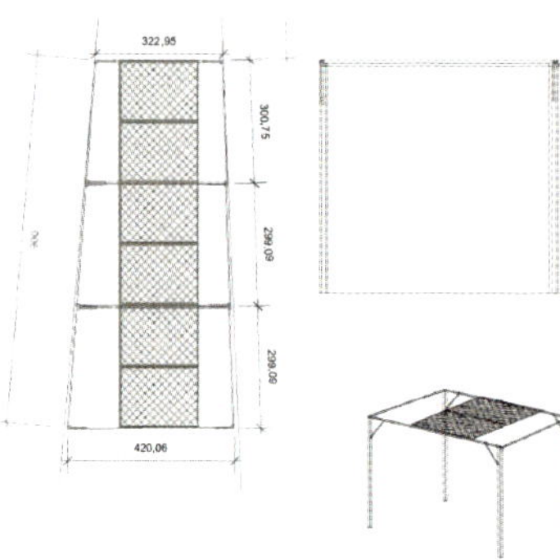

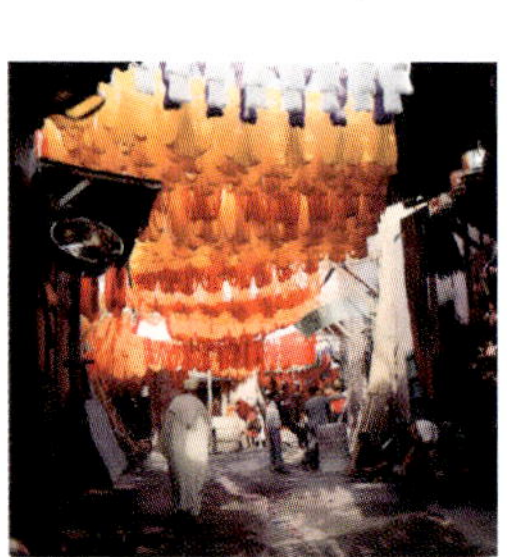

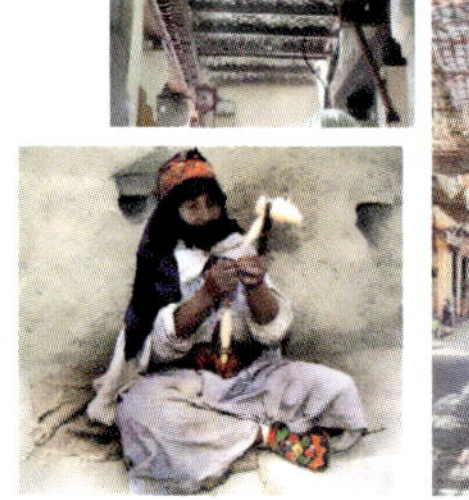

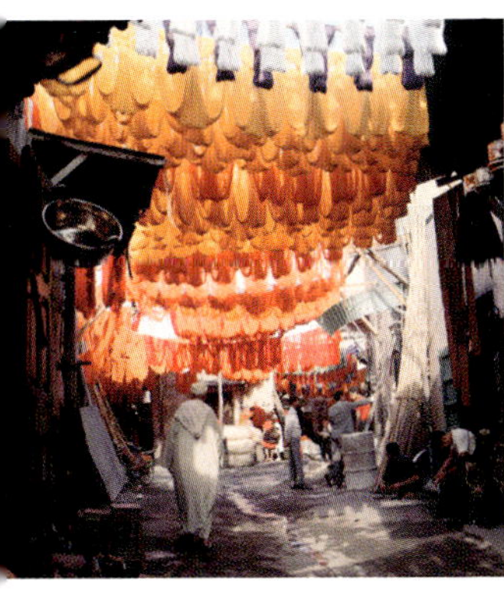

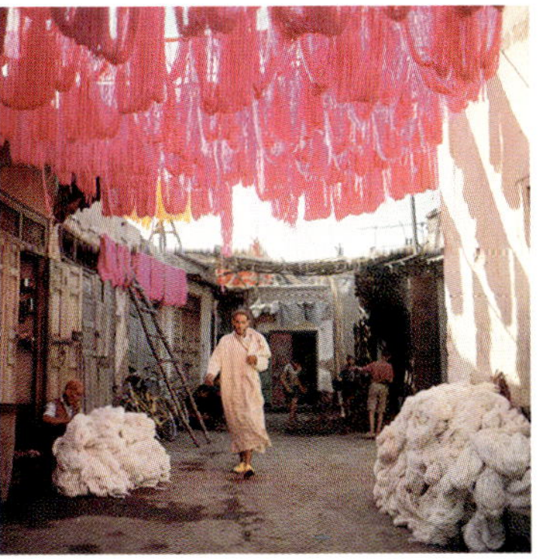

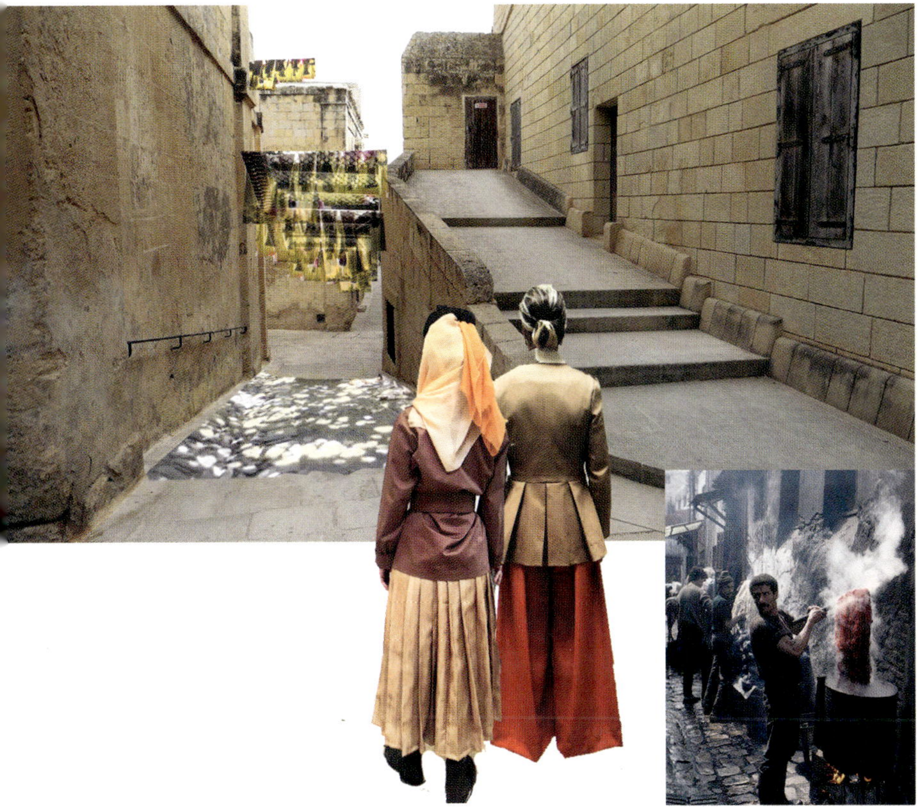

Kasbah (Entwurf von Katharina Wöppermann)

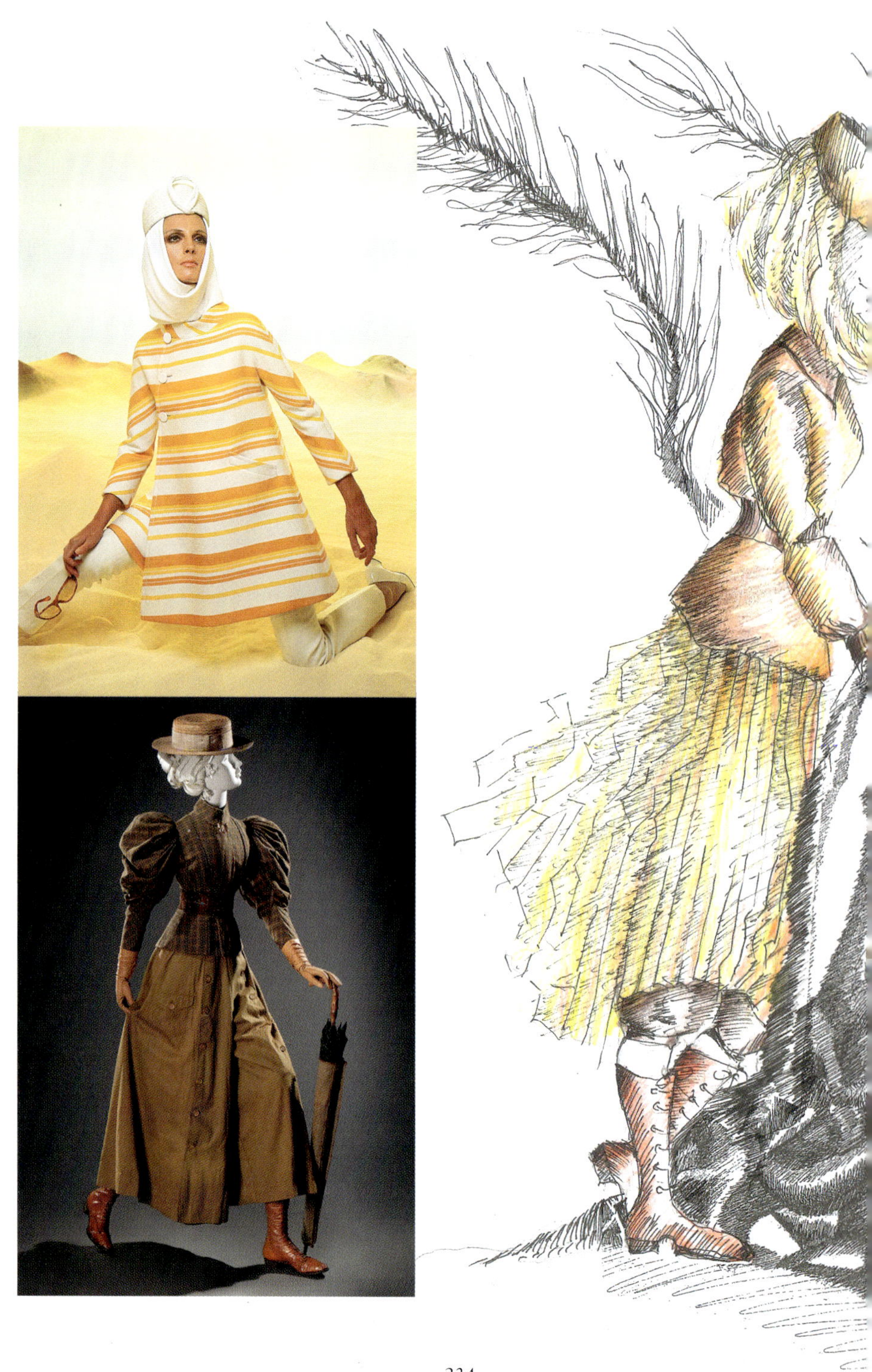

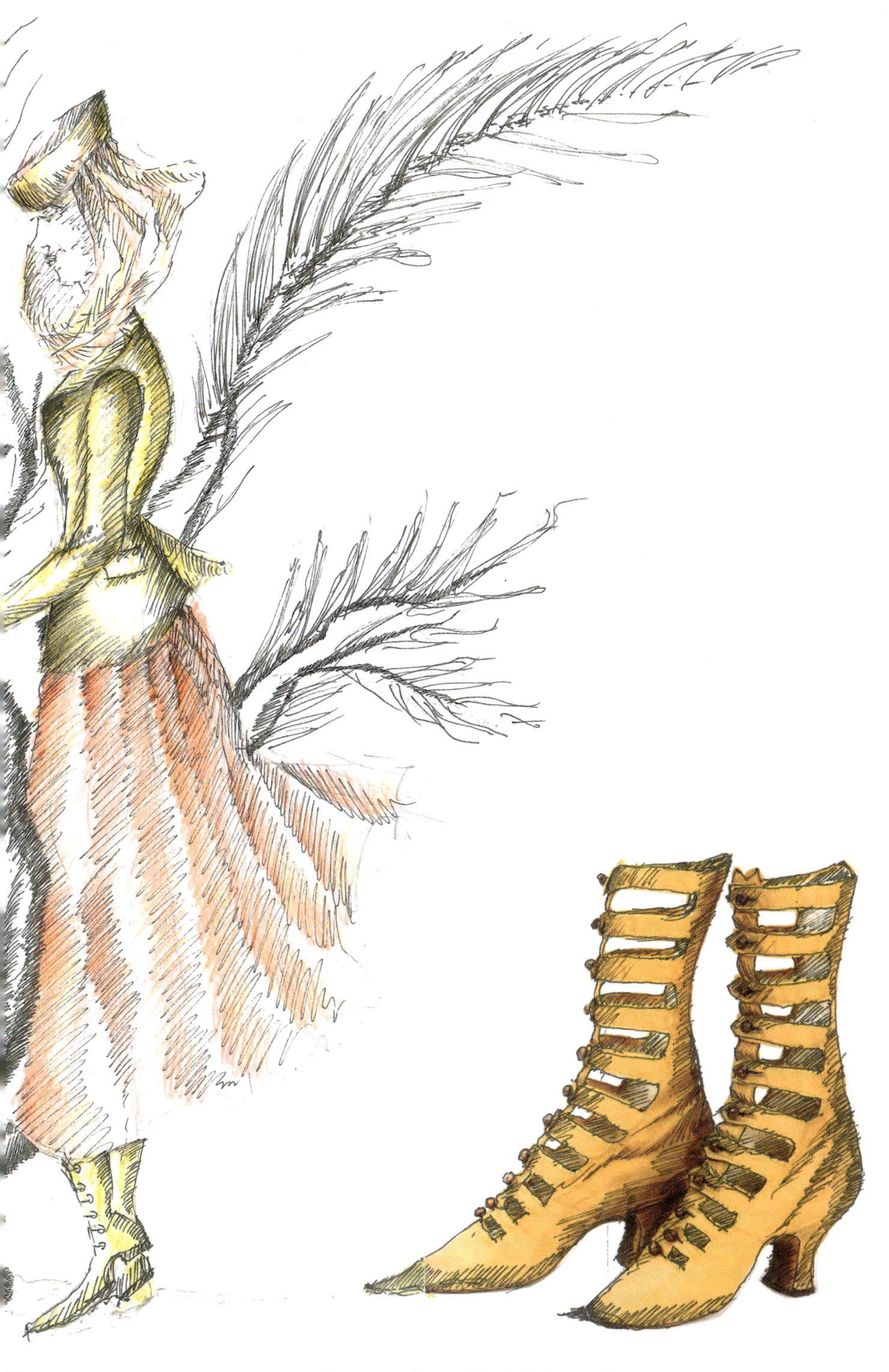

Kostüme (Entwurf von Tanja Hausner)

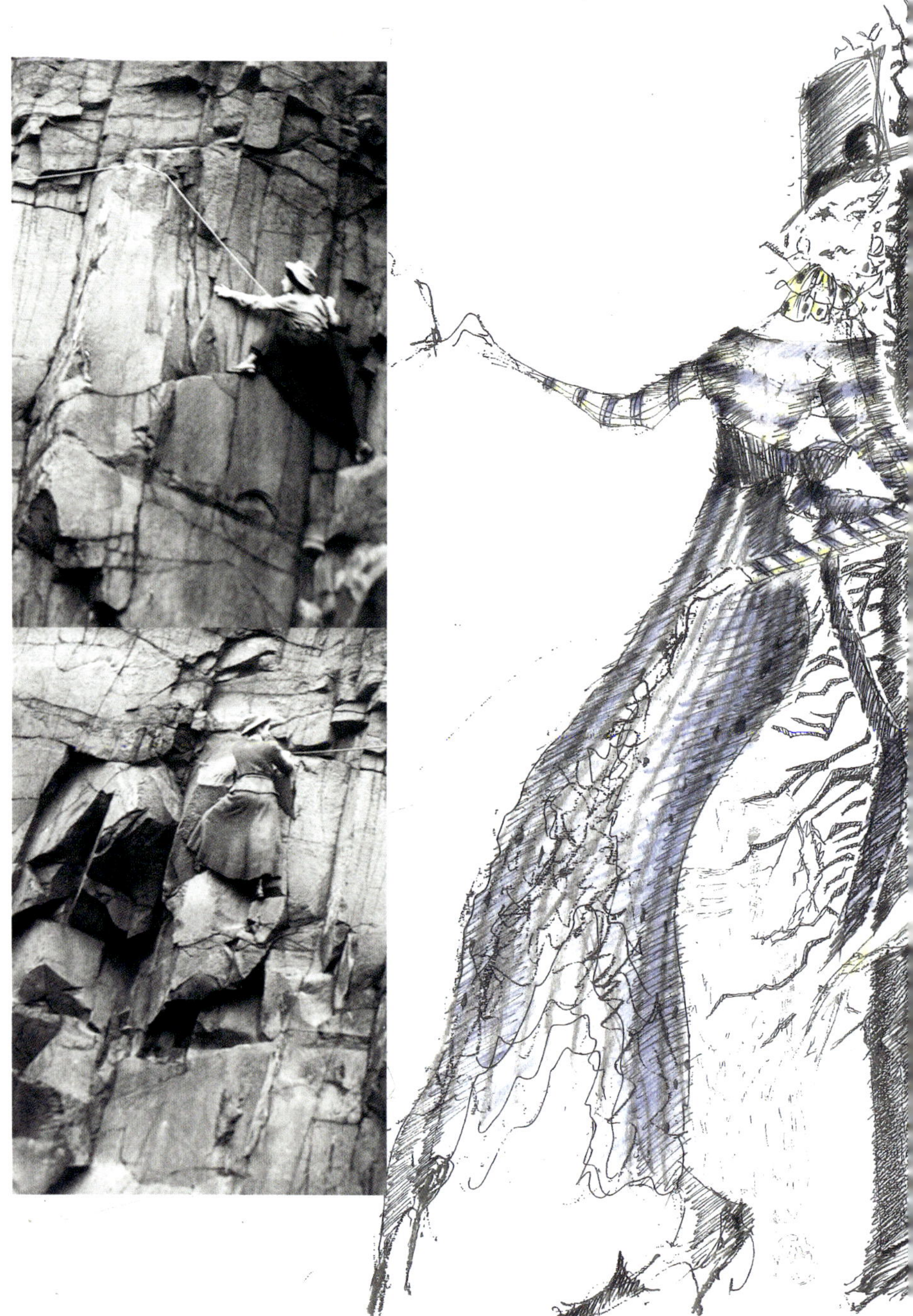

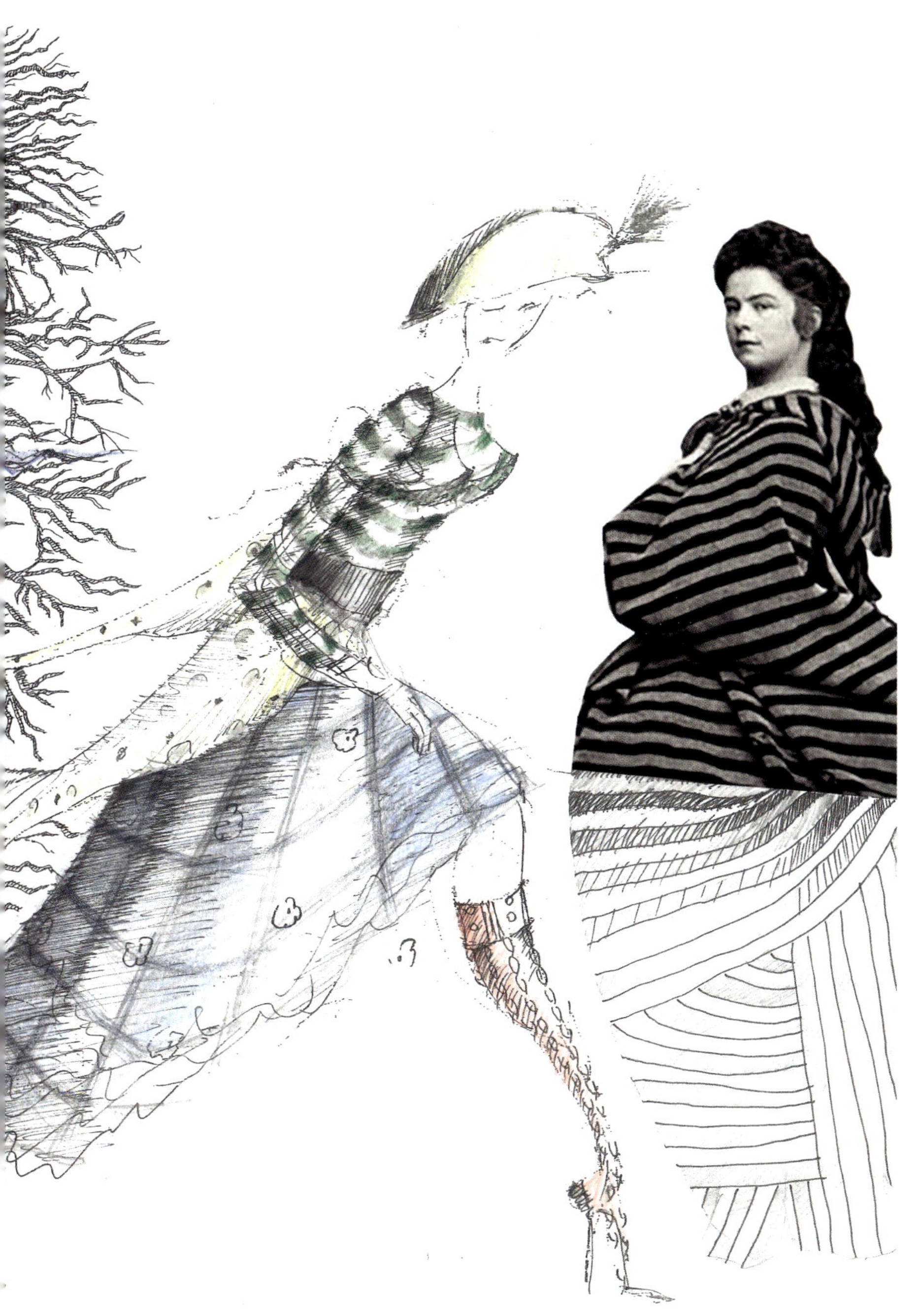

Danksagung

Philipp Worm, Tobias Walker, Victor Banerjee, Sally Chamberlain, Cody Ajax Cox, Helge Malchow, Ole Nicolaisen, Thomas Wöbke, Katja Eichinger, Dirk Poppendieck, Urs Feller, Morag McKenzie, Bijura und Shamsheer, Elsewhere Goa, Welfare for Animals in Goa, Katrin Vellrath, Uta Kracht, Moo und Hopie